# Vuelta y Vuelta

Alicia Gallach

## Soluciones sabrosas
## para los que no tienen tiempo

**EDITORIAL ATLANTIDA**
BUENOS AIRES • MEXICO

Editora jefa:
*Isabel Toyos*

Coordinación general:
*Aurora Giribaldi*

División Libros de Utilísima:
*Marina Calvo*

Supervisión de diseño:
*Claudia Bertucelli*

Diseño de tapa:
*Alina Talavera*

Producción fotográfica:
*Graciela Boldarin*

Fotografías:
*Isidoro Rubini*

Producción industrial:
*Fernando Diz*

Corrección:
*Mirta Carriquiri*

Composición:
*Gabriel Castro*

Preimpresión:
Impress

Agradecemos a:
*Tati Abadi* y *Básicos*, en Paseo Alcorta Shopping Center, Avda. Figueroa Alcorta y Salguero;
Bazar *La Luna*, Tacuarí 601; *Charme*, Avda. Cabildo 1968; *Ken*, Juncal 1306.

## Dedicatoria

A Jorge, mi esposo, por su compañerismo y comprensión en todos estos años de lucha y por su apoyo incondicional, sin el que nada hubiera sido posible cuando se vive a 400 kilómetros de Buenos Aires.

A mis padres, por todo lo que me enseñaron, por el amor que me dieron, por estar siempre a mi lado colaborando y dándome fuerzas con sus valiosas opiniones.

A mis sobrinos Leandro y Alejandra, porque los amo.

## Agradecimientos

A Alicia Rovegno por su afectuoso apoyo y empuje.

A Clarita, una AMIGA con mayúsculas.

A Mirta Carabajal por ser mi profesora y amiga, por todo lo que aprendí a su lado y por haberme acompañado en mis primeros pasos televisivos.

A Choly Berreteaga por su gran corazón y por brindarme la posibilidad de estar en su programa Cocina fácil.

A Ernesto Sandler, a Utilísima y a Editorial Atlántida por creer en mí y darme la oportunidad de tener mi primer hijo de papel.

# Informaciones útiles

El objetivo de este libro es ayudar a los cocineros que tienen poco tiempo. El hombre y la mujer que trabajan o estudian —tanto si viven solos como en familia— necesitan propuestas rápidas para el menú de todos los días y quieren lucirse en reuniones informales y ocasiones importantes con hallazgos que no demanden grandes esfuerzos.

La clave para lograrlo reside en saber combinar con inteligencia las posibilidades del freezer, la cocina de microondas y la cocina convencional, además de aprovechar los productos prelistos, congelados o envasados, que ofrece el supermercado.

Las tablas que aparecen al final fueron pensadas para pegar en la puerta del freezer y del microondas; ¡no deje de consultarlas! Los símbolos que figuran en cada receta identifican las posibilidades de cocción y congelación.

C (cocina convencional)     M (microondas)     F (freezer)

Pero, antes de poner manos a la obra, le propongo repasar conceptos fundamentales.

## LAS COMPRAS

### Antes de ir al súper

Revisar la heladera, el freezer y la alacena para comprobar qué alimentos hay que reponer. Si se asigna un lugar fijo a cada uno, se simplifica la tarea.

Conviene tener siempre a mano un anotador y un lápiz para ir escribiendo los faltantes a medida que se producen y no perder tiempo en confeccionar la lista.

### En el súper

Para no estropear los alimentos, cargar el carro respetando este orden:

1. Artículos de limpieza y tocador.
2. Bebidas y latas.
3. Carnes, verduras y lácteos.
4. Congelados (siempre al final del recorrido, para no cortar la cadena de frío).

### Al volver del súper

Guardar los alimentos en orden inverso:

1. Los que van al freezer.
2. Los que van a la heladera.
3. Los que van a la alacena.

En todos los casos, consumir primero los que tengan fecha de vencimiento más cercana.

### EL FREEZER

#### Modelos

1. Horizontal
2. Vertical
3. Heladera con freezer
4. Heladera con freezer *no frost* (impide la formación de escarcha en su interior)

#### Significado de las estrellas

\*   Mantiene los alimentos a una temperatura inferior a -6°C o más baja.

\*\*  Mantiene los alimentos a una temperatura inferior a -12°C o más baja.

\*\*\* Mantiene los alimentos a una temperatura inferior a -18°C o más baja.

\*\*\*\* Congela los alimentos dentro de las 24 horas a una temperatura inferior a -18°C o más baja y los mantiene a la misma temperatura.

#### Significado de las letras

N   Es apto para una temperatura ambiente de 32°C como máximo.

T   Es apto para una temperatura ambiente de 43°C como máximo.

#### Ubicación

Es aconsejable que esté lejos de fuentes de calor (una ventana soleada, un calefactor, un horno o una pared por donde pasen caños de agua caliente).

#### Uso correcto

Llenarlo poco a poco, con productos que se adquieren ya congelados y con los alimentos y comidas preparadas que se congelan en forma casera.

Acondicionar muy bien todos los alimentos, para evitar que el frío los queme y deshidrate y lograr que conserven su sabor, textura y valor nutritivo.

Los vegetales, en su mayoría, exigen un blanqueado previo. Es una cocción breve que puede realizarse en microondas (dentro de bolsas anudadas de un solo costado o de recipientes rígidos tapados parcial o totalmente) o en cocina convencional. Las verduras de hoja deben pasarse por agua helada inmediatamente después de esta cocción.

A veces se efectúa una congelación abierta, colocando los alimentos dentro del freezer en una bandeja, sobre separadores. Cuando quedan como piedras se envasan.

Es importante eliminar el aire del interior de los envases y etiquetar aclarando el contenido y la fecha.

### Materiales para envasar

Recipientes rígidos de PVC, con tapa hermética, aptos para freezer. Dejar libre un 10% de su capacidad, para permitir la dilatación del contenido. Una vez que la preparación haya formado un bloque sólido, resulta práctico pasarla a una bolsa y recuperar el recipiente para otro uso.

Bolsas para freezer de alta densidad (más de 50 micrones). También sirven para descongelar, blanquear y guardar cualquier alimento.

Separadores. Son láminas de alta densidad que evitan que los alimentos se peguen entre sí.

Papel de aluminio. Si no es grueso, usarlo doble.

Cinta adhesiva de papel, para cerrar paquetes o bolsas, y etiquetas.

## LA COCINA DE MICROONDAS

### Uso correcto

Además de leer las instrucciones del manual, conviene aplicar ciertas técnicas:

**Tapar** para evitar que se sequen los alimentos.

**Disponer** los alimentos con las partes más finas hacia el centro del recipiente y las más gruesas hacia afuera.

**Pinchar** algunos vegetales que se cocinan con cáscara (papas, batatas, calabazas, berenjenas) para que escape el vapor que se concentra en su interior. Otras verduras se cocinan en recipiente o bolsa.

**Revolver** o **dar vuelta** a mitad de cocción.

**Controlar** el punto cuando se cumpla el tiempo menor de los que se indican, pues son aproximados y dependen de la salida de potencia.

**Dejar reposar** de 3 a 5 minutos después de retirar, pues la cocción continúa.

### Recipientes y accesorios

Recipientes de vidrio templado, resistente a temperaturas elevadas.

Cazuelas de cerámica o barro, lisas, sin detalles metálicos.

Recipientes de plástico, aptos para descongelar y cocinar.

Bolsas de más de 50 micrones.

Vajilla de loza o cartón.

Film, para tapar.

Bandeja doradora (precalentarla de 7 a 9 minutos en máximo).

### Descongelación

Retirar el envoltorio que protegía los alimentos en el freezer.

Descongelarlos directamente en el plato o fuente en que se van a servir, o dentro de un recipiente rígido.

Si conviene tapar para retener humedad, hacerlo con film, con un plato o con la tapa del recipiente.

## LA COCINA CONVENCIONAL

No nos olvidemos de la querida cocina de gas, que tantas satisfacciones les dio a nuestras abuelas y les seguirá dando a nuestros nietos. Junto con el freezer y el microondas forma el trío de aliados del cocinero actual.

# ENSALADAS
# Y ADEREZOS…

para lucirse casi
sin cocinar

# Ensalada caribeña

## INGREDIENTES

1 planta de lechuga mantecosa

1 palta

1 papaya

250 g de frutillas

50 g de jamón

1 cucharada de mostaza

3 cucharadas de ketchup

1 cucharadita de salsa inglesa

200 cc de crema de leche

sal y pimienta

▼ Separar las hojas de la lechuga. Lavarlas, secarlas y dividirlas en trozos medianos rasgándolas con los dedos. Pelar la palta y la papaya; cortar la pulpa de ambas en cubos chicos. Lavar las frutillas, quitarles los cabitos y partirlas por el medio.

▼ Disponer todo sobre una fuente plana, alternando armoniosamente los colores. Ubicar a los costados las lonjas de jamón (crudo o cocido, a elección) enrolladas en forma de flor.

▼ Combinar la mostaza con el ketchup, la salsa inglesa y la crema de leche. Salpimentar a gusto y unir para obtener el aderezo. Rociar la ensalada y servir.

> La papaya y la palta maduran en 1 ó 2 días si se guardan en una bolsa de papel junto con una banana.

# Ensalada de espinaca y jamón

## INGREDIENTES

500 g de espinaca fresca

sal

1 cucharada de vinagre

1 cucharadita de mostaza

3 cucharadas de aceite de oliva

pimienta

200 g de jamón crudo

4 huevos duros

▼ Elegir espinaca muy tierna, de hojas pequeñas. Quitarles los tallos, lavarlas y secarlas. Colocarlas en una ensaladera.

▼ Poner en un tazón poca sal. Disolverla con el vinagre. Añadir la mostaza, el aceite y pimienta a gusto. Aderezar las hojas de espinaca y mezclar.

▼ Completar con el jamón en tiritas y los huevos duros en cuartos.

> – Con hojas de laurel, dientes de ajo, ramitas de hierbas frescas o granos de pimienta se consiguen deliciosos aceites saborizados. Colocar el ingrediente elegido dentro de la botella de aceite y dejar estacionar en un lugar fresco, seco y oscuro por lo menos 15 días antes de utilizar.
> – La personalidad de los aderezos también puede cambiar con los vinagres aromatizados que se compran en el súper.

# Ensalada de centolla imitación

## INGREDIENTES

1 ananá

2 cucharadas de alcaparras

2 tallos de apio

150 g de jamón crudo

300 g de bastones de centolla imitación

200 cc de crema de leche

sal y pimienta

1 cucharadita de salsa tabasco

1 cucharada de *ciboulette* picada

▼ Cortar el ananá por el medio, sin quitarle el penacho. Extraer la pulpa y guardar la cáscara para presentar la ensalada.

▼ Cortar la pulpa del ananá en dados, el jamón en tiras y la centolla imitación en rodajas. Picar groseramente el apio. Mezclar todo y ubicar dentro de la cáscara del ananá.

▼ Sazonar la crema de leche con sal, pimienta y la salsa tabasco. Verter sobre la ensalada justo antes de llevar a la mesa. Espolvorear con la *ciboulette* picada.

> *Como la salsa tabasco es muy picante, le aconsejo que no se pase con la cantidad. Si la usa en exceso, no podrá apreciar los sabores de los demás ingredientes. Recuerde que el aderezo es el alma de la ensalada y tiene por función exaltar todos y cada uno de sus componentes.*

# Ensalada tibia de mollejas

## INGREDIENTES

2 mollejas de ternera

2 cucharadas de aceite de oliva

200 g de panceta ahumada

50 cc de vino blanco

1 lata de papines

sal y pimienta

1 cucharada de perejil picado

pan tostado

▼ Desgrasar las mollejas. Hervirlas en agua con sal durante 7 minutos. Escurrirlas, dejarlas enfriar y cortarlas en dados.

▼ Calentar el aceite de oliva en una sartén y saltear las mollejas. Cortar la panceta en tiritas e incorporarla. Mantener sobre fuego vivo hasta dorar las mollejas. Verter el vino, agregar los papines escurridos y dejar que se entibien. Retirar y condimentar con sal, pimienta y perejil.

▼ Servir con rebanadas de pan tostadas y cortadas de distintas formas.

> *Otra ensalada sustanciosa, para una ocasión más informal: Combine salchichas de Viena cocidas y cortadas en trocitos con tomates en cubos, queso cuartirolo en bastones, lechuga en juliana y huevos duros en rodajas. Aderece con mayonesa mezclada con jugo de limón y mostaza.*

# Ensalada de pollo y verduras

## INGREDIENTES

2 cebollas de verdeo

1/2 pimiento rojo

aceite

200 g de carne de pollo cocida

1 palta

2 cucharadas de jugo de limón

2 huevos duros

1 pote de yogur natural

2 cucharadas de perejil picado

sal y pimienta

▼ Picar las cebollas de verdeo y el pimiento. Rehogarlos ligeramente en aceite. Retirarlos, dejarlos enfriar y reservarlos.

▼ Cortar el pollo en cubos. Pelar la palta, quitarle el carozo, cortarla en dados y rociarla con la mitad del jugo de limón. Combinar ambos ingredientes con los vegetales rehogados, en una ensaladera o fuente. Terminar con los huevos duros cortados en rodajas.

▼ Aparte, combinar el yogur con el perejil picado, el jugo de limón restante, sal y pimienta a gusto. Presentarlo en salsera para que cada comensal aderece su porción de ensalada.

– *Se puede tener en el freezer el pollo cocido y cortado, guardado en bolsa. Dura 6 meses.*
– *Descongelar en la heladera.*

# Ensalada de queso y uvas

## INGREDIENTES

| |
|---|
| 250 g de queso gruyère |
| 2 manzanas verdes |
| 1 cucharada de jugo de limón |
| 2 tomates perita |
| 100 g de uvas blancas |
| 100 g de uvas negras |
| 200 cc de crema de leche |
| sal y pimienta |
| 4 cucharadas de salsa golf |
| hojas grandes de repollo morado |
| perejil |

▼ Cortar el queso en dados. Pelar las manzanas, quitarles los centros, cortarlas en cubitos y rociarlas con el jugo de limón. Cortar los tomates en tiras. Quitarles las semillas a las uvas. Mezclar todo.

▼ Salpimentar la crema de leche y unirla con la salsa golf. Aderezar la ensalada.

▼ Lavar y secar varias hojas de repollo morado. Untarlas ligeramente con aceite. Agruparlas para formar un recipiente amplio. Colocar en él la ensalada.

▼ Adornar con ramitas de perejil y presentar.

> Idea con pasas de uva: Añádalas a la clásica ensalada Waldorf de manzana, apio y nueces.

# Ensalada a la italiana

**INGREDIENTES**

| |
|---|
| 8 tomates secos |
| aceite de oliva |
| 2 atados de radicheta |
| 2 cucharadas de queso parmesano rallado grueso |
| 2 dientes de ajo |
| 150 g de cubitos de pan tostados |
| sal y pimienta |
| aceto balsámico |

▼ Poner los tomates secos en un tazón, cubrirlos con aceite de oliva y dejar que se hidraten durante 2 horas. Escurrirlos y cortarlos en tiritas.

▼ Lavar las hojas de radicheta, secarlas y cortarlas por la mitad. Ponerlas en una ensaladera. Añadir los tomates, el parmesano, los ajos picados y los cubitos de pan tostados.

▼ Aliñar con sal, pimienta, aceto balsámico y aceite de oliva justo antes de servir.

*Si se entusiasma con los aromas de la cocina peninsular, le propongo también una fresquísima ensalada genovesa. La fórmula incluye 4 tomates y 200 gramos de mozzarella, ambos en cubos medianos, y 1 lata chica de palmitos escurridos y cortados en rodajas. Se adereza con sal y aceite de oliva y se espolvorea con 2 cucharadas de albahaca picada y 1 cucharada de orégano.*

# Ensalada alemana

## INGREDIENTES

500 g de papas

1 paquete de salchichas

para copetín

sal y pimienta

2 cucharadas de mostaza

2 cucharadas de vinagre

de vino blanco

1 cucharada de perejil picado

1/4 de taza de aceite de oliva

▼ Lavar las papas con cáscara. Secarlas y pincharlas alrededor. Acomodarlas en el piso del microondas y cocinarlas de 8 a 10 minutos en máximo. Darlas vuelta a mitad de cocción. Dejarlas entibiar, pelarlas y cortarlas en cubitos.

▼ Calentar las salchichas para copetín y combinarlas con las papas dentro de una ensaladera.

▼ Preparar el aderezo mezclando sal y pimienta a gusto con el vinagre, la mostaza, el perejil y el aceite de oliva. Mezclarlo con la ensalada antes de que ésta se enfríe. Saborear en seguida.

> *Aunque la cocción de las papas es sencilla y rápida, si el tiempo no alcanza o si no hay papas en casa se puede preparar la ensalada con una lata de papines, escurridos y entibiados en el microondas.*

# Ensalada de pulpo y palmitos

## INGREDIENTES

1 lata chica de palmitos

1 lata grande de pulpo al natural

1 cucharada de ajo y perejil picados

sal

vinagre

aceite

1 cucharada de pimentón dulce

pimienta

pan tostado

▼ Escurrir los palmitos y el pulpo. Cortar ambos ingredientes en rodajas. Ponerlos en una ensaladera. Agregar el ajo y el perejil picados.

▼ Poner la sal en un tazón, agregar el vinagre y agitar con batidor para disolver la sal. Incorporar el aceite, el pimentón y pimienta a gusto. Volcar sobre la ensalada y mezclar muy bien. Refrigerar antes de servir.

▼ Acompañar con triángulos de pan tostados.

> *En lugar de pan tostado, puede presentar galletitas integrales. Si descubre que se humedecieron, no se alarme; existe un recurso para que recuperen su crocantez al instante. Colóquelas entre dos papeles absorbentes y séquelas en microondas durante 1 minuto en máximo.*

# Ensalada japonesa

**INGREDIENTES**

1 zanahoria

100 g de jamón cocido

250 g de brotes de soja

3 cucharadas de salsa de soja

2 cucharadas de vino blanco

2 cucharadas de aceite de oliva

1 cucharada de jengibre fresco
rallado

sal y pimienta

▼ Rallar la zanahoria. Cortar el jamón en tiras o bastoncitos. Poner ambos ingredientes en una ensaladera. Añadir los brotes de soja.

▼ Unir la salsa de soja con el vino, el aceite de oliva y el jengibre. Aderezar la ensalada y mezclar. Probar y salpimentar sólo si es necesario.

– Como variante para los fanáticos de la alimentación natural, sugiero combinar los brotes de soja y la zanahoria rallada con blanco de apio cortado en juliana y rociado con jugo de limón. Agregar nueces picadas y aderezar con sal, pimienta y aceite a gusto. Se puede espolvorear con albahaca picada para dar un toque verde y fragante.
– Las nueces se conservan en el freezer hasta 12 meses, dentro de un recipiente rígido.

# Ensalada marina

## INGREDIENTES

| | |
|---|---|
| 2 cebollas de verdeo | 1 lata chica de almejas |
| 1 diente de ajo | 1 lata chica de berberechos |
| 1/4 de pimiento rojo | sal y pimienta |
| 1/4 de pimiento verde | 1 lata de papines |
| 1/4 de pimiento amarillo | 1 lata chica de atún al natural |
| 2 cucharadas de aceite de oliva | perejil |
| 50 cc de vino blanco | langostinos, para decorar |
| 100 g de camarones | (opcional) |
| 1 lata chica de mejillones | |

▼ Picar las cebollas de verdeo y el ajo. Cortar los pimientos en juliana. Rehogar todos los vegetales juntos en una sartén amplia con el aceite de oliva. Verter el vino y dejar que se evapore el alcohol. Incorporar los camarones y los mariscos de lata sin el líquido. Salpimentar, añadir los papines escurridos y dejar que tomen temperatura. Por último, agregar el atún escurrido y separado en trozos grandes.

▼ Presentar la ensalada directamente en los platos, espolvoreada con perejil picado. Si se desea, adornar cada porción con un langostino.

> *Las ensaladas calientes son un hallazgo de la cocina actual. Ésta funciona estupendamente como plato único. Le sugiero que ofrezca para beber el mismo vino que utilice en la cocción, bien frío.*

# Ensalada al roquefort

## INGREDIENTES

200 g de panceta ahumada

1/2 planta de lechuga francesa

200 g de queso roquefort

200 g de cubitos de pan
tostados

1 cucharada de mostaza

1 cucharada de aceite de oliva

1 cucharada de vinagre
de vino tinto

sal y pimienta

▼ Cortar la panceta en tiritas y dorarla en una sartén limpia con la grasa que suelte. Retirarla y reservarla.

▼ Lavar y secar las hojas de la lechuga. Ubicarlas dentro de una ensaladera no muy honda. Colocar en el centro el roquefort desmenuzado. Esparcir arriba la panceta y los cubitos de pan tostados.

▼ Mezclar la mostaza con el aceite de oliva, el vinagre, sal y pimienta a gusto. Rociar la ensalada justo antes de llevar a la mesa.

> La panceta también se puede dorar en microondas. Colocar las lonjas entre dos hojas de papel absorbente y cocinarlas en máximo durante 1 minuto de cada lado, para que resulten bien crocantes.

# Ensalada playera

## INGREDIENTES

| |
|---|
| 1/2 repollo morado |
| 1/2 planta de lechuga criolla |
| 1 zanahoria |
| 2 tomates |
| 1 cebolla pequeña |
| 1 cucharada de apio picado |
| 1 lata chica de atún en aceite |
| sal |
| vinagre |
| 2 cucharadas de mayonesa |
| 2 huevos duros |

▼ Lavar y escurrir muy bien las hojas de repollo y lechuga; cortarlas en juliana. Rallar la zanahoria. Cortar los tomates en rodajas y la cebolla en aros finos. Colocar todo dentro de una ensaladera. Agregar el apio y el atún con su aceite y mezclar.

▼ Poner en un tazón la sal junto con el vinagre y revolver para que se disuelva. Unir con la mayonesa. Aderezar la ensalada y volver a mezclar.

▼ Completar con los huevos duros cortados en rodajas y servir.

> *Para atenuar la intensidad de la cebolla, cocinarla en microondas durante 1 minuto en máximo después de cortarla.*

# Ensalada venezolana

### INGREDIENTES

| |
|---|
| 1 pomelo |
| 1 naranja |
| 1 kiwi |
| 1/2 atado de berro |
| sal |
| 1 cucharada de miel |
| 2 cucharadas de jugo de limón |
| 2 cucharadas de vinagre |
| 2 cucharadas de yogur natural |
| pimienta |

▼ Pelar los cítricos y separar los gajos. Pelar el kiwi y cortarlo también en gajos. Acomodar las tres frutas en el centro de una fuente plana redonda, formando un círculo y alternando los colores. Ubicar alrededor el berro limpio.

▼ Disolver la sal y la miel con el jugo de limón y el vinagre. Unir con el yogur y añadir pimienta a gusto. Presentar en salsera, para que cada comensal aderece su porción de ensalada.

> La miel se ablanda rápidamente en microondas. Para 1 cucharada bastan 10 segundos en máximo. Lo mismo vale para jaleas y mermeladas.

# ABRIMOS LATAS

## para hacer cazuelas, guisados, antipastos y sopas

# Antipasto con pocos ingredientes

### INGREDIENTES

| | |
|---|---|
| 1 lata de caballa en aceite | 1 lata de jardinera |
| 1/2 taza de mayonesa | sal y pimienta |
| 1 cucharada de pickles picados | vinagre y aceite |

▼ Escurrir la caballa y acomodarla en el centro de una fuente. Cubrirla con la mayonesa. Esparcir arriba los pickles. Disponer alrededor la jardinera escurrida y aderezada con sal, pimienta, vinagre y aceite. Completar el menú con sopa.

# Sopa ultrarrápida

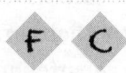

### INGREDIENTES

| | |
|---|---|
| 2 calabazas | 100 cc de crema de leche |
| 1 litro de leche | 100 g de queso rallado |
| sal y pimienta | cubitos de pan tostados |

▼ Pelar las calabazas, quitarles las semillas, cortarlas en cubos y hervirlas en la leche de 30 a 40 minutos, hasta que estén tiernas. Procesarlas con la leche de la cocción. Salpimentar y unir con la crema de leche y el queso rallado. Servir con cubitos de pan tostados.

 *– Congelar en recipiente rígido. Dura 6 meses.*
*– Descongelar en microondas al 80% de 10 a 12 minutos por porción.*

# Antipasto de arroz

## INGREDIENTES

1 lata de choclo en granos

1 lata de chauchas en trozos

1 lata de zanahorias en rodajas

1/2 taza de arroz cocido

1 tomate

3 cucharadas de mayonesa

50 cc de crema de leche

sal

vinagre

aceite de oliva

lechuga, para adornar

▼ Escurrir los granos de choclo, las chauchas y las zanahorias. Combinar las tres hortalizas con el arroz. Cortar el tomate en cubitos, agregarlo y mezclar.

▼ Aparte, unir la mayonesa con la crema de leche sin batir. Salar y añadir vinagre y aceite de oliva a gusto para obtener el aderezo. Volcarlo sobre la preparación de arroz.

▼ Presentar en una fuente adornada con hojas de lechuga.

> *Acompañar el antipasto con sopa roja: Licuar 1 lata de tomates, añadir 1 cubito de caldo de verduras y 500 cc de agua caliente y llevar al fuego hasta que hierva. Salpimentar y servir en platos hondos, donde previamente se habrán distribuido 150 gramos de queso cuartirolo cortado en cubitos.*

# Salpicón rápido y sustancioso

## INGREDIENTES

1 lata de jardinera

1 lata de porotos blancos

1 lata de porotos negros

2 tomates

100 g de jamón cocido
en un trozo

sal y pimienta

aceite de oliva

aceto balsámico

1 taza de cubitos de pan
tostados

▼ Mezclar la jardinera con las dos clases de porotos, todo escurrido. Cortar los tomates y el jamón en cubitos y agregarlos.

▼ Aderezar con sal, pimienta, aceto balsámico y aceite de oliva. Mezclar, esparcir arriba los cubitos de pan y llevar a la mesa.

*Otro salpicón apetitoso y fresco se prepara mezclando 1 suprema de pollo cocida, cortada en bastones, con 150 g de arroz cocido, 1 tomate en cubitos, 1 cebolla pequeña en juliana, 1 lata de arvejas escurridas y 3 cucharadas de perejil picado. Aderezar con 1 taza de mayonesa aligerada con 4 cucharadas de crema de leche, 1 cucharada de jugo de limón y 1 cucharada de salsa de soja. Decorar con huevos duros cortados en cuartos.*

# Carbonada moderna

## INGREDIENTES

| | |
|---|---|
| 1 cebolla | 1/2 taza de zanahorias cortadas en rodajas |
| 1 diente de ajo | 500 g de carne cortada en cubos |
| 1/2 pimiento rojo | 1 cucharada de harina |
| 2 cucharadas de aceite de oliva | 1 lata de salsa fileto |
| 1 taza de papas cortadas en cubos | 1 lata de choclo en granos |
| 1 taza de batatas cortadas en cubos | sal y pimienta |
| 1 taza de calabaza cortada en cubos | ají molido |
| | pimentón |

▼ Picar la cebolla, el ajo y el pimiento. Colocar todo en un recipiente con el aceite. Tapar y cocinar en microondas durante 4 minutos en máximo. Agregar las papas, las batatas, la calabaza y las zanahorias. Tapar de nuevo y cocinar otros 7 minutos en máximo. Incorporar la carne espolvoreada con la harina, la salsa, el choclo escurrido y los condimentos. Cocinar durante 8 minutos más, siempre en máximo y con el recipiente tapado. Dejar reposar durante 5 minutos y servir.

> *Si se desea, añadir rodajas de choclo fresco o congelado junto con el de lata.*

# Cazuela al horno para muchos

**INGREDIENTES**

1 lata de salsa portuguesa

sal, pimienta y pimentón

1 lata de papines

250 g de camarones

1 cucharada de ajo y perejil picados

3 rebanadas de pan lácteo

250 g de queso mantecoso

▼ Utilizar una cazuela para horno y mesa de 26 cm de diámetro. Colocar en el fondo la mitad de la salsa condimentada con sal, pimienta y pimentón. Incorporar los papines escurridos y cortados por el medio, los camarones, el ajo y el perejil. Volcar encima el resto de la salsa condimentada.

▼ Cortar las rebanadas de pan en cubitos, esparcirlos sobre una placa limpia y tostarlos en el horno. Disponerlos en la cazuela, sobre los otros ingredientes. Cubrir con el queso cortado en tajadas.

▼ Llevar al horno de 15 a 20 minutos. Retirar y servir.

> *Los camarones también se lucen en cazuelitas individuales: Dorar ajos picados en aceite de oliva. Incorporar camarones, sal, pimienta, ají molido y pimentón. Verter jerez y dejar hervir durante pocos minutos. Repartir en cazuelitas, espolvorear con perejil picado, tapar con medallones de pan tostado y servir.*

# Cazuela de pollo, fideos y queso

### INGREDIENTES

| |
|---|
| 1 cebolla |
| 1 diente de ajo |
| aceite |
| 2 supremas de pollo |
| 1 taza de vino blanco |
| 2 latas de tomates |
| 1 lata de champiñones |
| 1 lata de arvejas |
| sal y pimienta |
| 1 taza de fideos dedalitos |
| 150 g de queso cuartirolo |

▼ Picar la cebolla y el ajo. Rehogarlos en una cazuela con un poco de aceite. Incorporar las supremas cortadas en tiritas y dorarlas. Agregar el vino y los tomates licuados. Añadir los champiñones y las arvejas, ambos escurridos. Salpimentar, agregar los fideos y cocinar a fuego suave hasta que estén casi a punto. Si es necesario, verter un poco de caldo de verduras caliente para que la preparación no resulte demasiado seca.

▼ Colocar arriba el queso cortado en tajadas. Tapar la cazuela y mantener sobre fuego mínimo hasta que se derrita. Servir en el momento.

– *Congelar en recipiente rígido. Dura 3 meses.*
– *Descongelar en microondas al 80% durante 20 minutos o hasta calentar.*

# Cazuelitas de papas con vinagreta

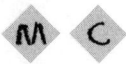

### INGREDIENTES

| |
|---|
| 800 g de papas |
| sal y pimienta |
| 1 lata de arvejas |
| 1 lata de choclo en granos |
| 2 cucharadas de vinagre |
| 1 cucharada de mostaza |
| 90 cc de aceite de oliva |
| 1/4 de taza de perejil picado |

▼ Lavar las papas con cáscara y pincharlas en varios puntos con un tenedor. Disponerlas formando un círculo sobre el piso del microondas. Cocinar de 15 a 16 minutos en máximo. Dar vuelta a mitad de cocción. Cortarlas en rodajas mientras aún estén calientes.

▼ Distribuir las papas en 4 cazuelitas individuales y salpimentarlas. Repartir sobre ellas las arvejas y el choclo, ambos escurridos.

▼ Mezclar el vinagre con la mostaza y el aceite de oliva, para obtener la vinagreta. Verter en las cazuelas, sobre las hortalizas.

▼ Llevar al horno de 10 a 15 minutos. Retirar, espolvorear con el perejil y servir.

> En esta receta conviene usar perejil fresco, pero nunca está de más tener una provisión de hierbas secas. Descartar los tallos. Lavar las hojas, secarlas y ponerlas entre dos papeles absorbentes. Llevar u microondas de 2 a 3 minutos en máximo. Colocar una taza con un poco de agua, para evitar que se queme el papel. Dar vuelta a mitad del tiempo.

# Cazuelitas de pescado muy sabrosas

### INGREDIENTES

| | |
|---|---|
| 8 filetes de lenguado | 1/2 vaso de vino blanco |
| sal y pimienta | 1 cucharada de manteca |
| jugo de 1/2 limón | 1 paquete de puré de papas |
| 200 g de queso blanco | en escamas |
| 2 cucharadas de mostaza | 100 g de queso gruyère |
| 1 lata de mejillones | 4 huevos |

▼ Salpimentar los filetes de lenguado y rociarlos con el jugo de limón. Untarlos con el queso blanco mezclado con la mostaza.

▼ Escurrir los mejillones (guardar el líquido). Colocar 4 ó 5 junto al extremo más ancho de cada filete y enrollar.

▼ Utilizar 4 cazuelitas individuales. Ubicar 2 arrollados de pescado en cada una. Rociar con el vino, el líquido de los mejillones y la manteca derretida. Hornear durante 15 minutos.

▼ Mientras tanto, preparar el puré de papas siguiendo las instrucciones del envase. Repartirlo en las cazuelas, sobre el pescado. Espolvorear con el gruyère rallado grueso. Hacer un hoyo en el centro y colocar allí un huevo sin cáscara. Salpimentar y volver al horno hasta que la yema esté cocida y la superficie dorada. Presentar en seguida.

> *¡Le parece increíble que con elementos tan comunes se pueda lograr un plato exquisito y refinado? ¡Pruebe y se convencerá!*

# Chorizos a la pomarola

F  M

## INGREDIENTES

| | |
|---|---|
| 6 chorizos | 1/2 vaso de vino blanco |
| 2 cebollas | 1 taza de caldo |
| 1/2 pimiento rojo | sal y pimienta |
| 1/2 pimiento verde | laurel |
| 2 dientes de ajo | orégano |
| 2 cucharadas de aceite | ají molido |
| 1 lata de salsa pomarola | pimentón |

▼ Pinchar los chorizos, colocarlos en un plato y cocinarlos en microondas de 4 a 5 minutos, para desgrasarlos. Dar vuelta a mitad de cocción.

▼ Aparte, cortar en juliana las cebollas y los pimientos. Picar el ajo. Colocar todo en un recipiente con el aceite. Tapar y cocinar durante 8 minutos en máximo. Revolver a mitad de cocción.

▼ Incorporar a los vegetales los chorizos, la salsa, el vino, el caldo y los condimentos. Tapar y cocinar de 8 a 10 minutos en máximo.

▼ Servir de inmediato, en cazuelas individuales.

*– Congelar en recipiente rígido. Dura 2 meses.*
*– Descongelar en microondas al 80% de 15 a 17 minutos o hasta calentar.*

# Chupín de pescado dedicado a mi papá

F  C

## INGREDIENTES

2 latas de salsa portuguesa

1 cucharadita de ajo
en escamas

1 cucharada de cebolla
deshidratada

1 chorizo colorado

1 vaso de vino blanco

1 lata de mejillones

sal y pimienta

1 cucharadita de pimentón

750 g de postas de pescado
(merluza, mero o pollo de mar)

2 cucharadas de crema
de leche

▼ Colocar la salsa en una cacerola y llevar al fuego. Agregar el ajo, la cebolla y el chorizo sin piel, cortado en rodajas. Verter el vino. Incorporar los mejillones y condimentar. Agregar el pescado y cocinar de 10 a 15 minutos.

▼ Retirar, añadir la crema de leche y servir.

---

*Se puede completar con 1 lata de papines.*

---

 *– Congelar en recipiente rígido, sin los papines. Dura 2 meses.*
*– Descongelar en microondas al 80% de 15 a 18 minutos.*

# Espárragos gratinados

## INGREDIENTES

25 g de manteca

1 lata grande de espárragos
al natural

200 cc de crema de leche

2 yemas

2 cucharadas de pan rallado

jugo de 1/2 limón

sal y pimienta

3 cucharadas de queso rallado

▼ Untar con la manteca una fuente térmica cuadrada de 20 cm de lado. Acomodar los espárragos escurridos. Reservar.

▼ Colocar la crema de leche en un jarrito. Llevar al fuego y dejar que se reduzca a la mitad. Retirar y dejar entibiar. Unir con las yemas, el pan rallado y el jugo de limón. Salpimentar y volcar sobre los espárragos.

▼ Espolvorear con el queso rallado. Llevar al horno caliente hasta gratinar.

> No tire las mitades de cáscara de limón que quedan después de exprimirlo. Colóquelas dentro de la heladera para que absorban los olores fuertes. Las de naranja también sirven.

– Congelar en recipiente rígido. Dura 4 meses.
– Descongelar en microondas al 80% de 15 a 20 minutos.

# Guisado ¡ya!

## INGREDIENTES

| | |
|---|---|
| 1 lata de salsa fileto | 1 lata de zanahorias en rodajas |
| 1 taza de caldo | 1 lata de champiñones |
| 1 cucharada de cebolla | 1 lata de papines |
| deshidratada | sal y pimienta |
| 1 cucharada de pimientos | ají molido |
| deshidratados | orégano |
| 1 lata de porotos | 1 paquete de salchichas |
| 1 lata de arvejas | para copetín |
| 1 lata de lentejas | |

▼ Poner en una olla la salsa, el caldo, la cebolla y los pimientos. Llevar al fuego. Cuando tome temperatura, agregar los porotos, las arvejas, las lentejas, las zanahorias, los champiñones y los papines, todo escurrido. Sazonar con sal, pimienta, orégano y ají molido. Incorporar las salchichas y calentar todo junto durante unos minutos.

▼ Acompañar con triángulos de pan tostados.

— *Congelar en recipiente rígido, sin los papines. Dura 3 meses.*
— *Descongelar en microondas al 80% de 10 a 12 minutos.*

# Guisito de choclo y carne

**F  M**

## INGREDIENTES

| |
|---|
| 2 cebollas |
| 1 tallo de apio |
| 1 cucharada de aceite |
| 500 g de carne vacuna |
| 1 lata de puré de tomates |
| 2 cucharadas de harina |
| 2 tazas de caldo de carne |
| 1 lata de zanahorias en rodajas |
| 1 lata de choclo en granos |
| sal y pimienta |
| laurel |
| pimentón |

▼ Picar la cebolla y el apio. Colocarlos en un recipiente amplio con el aceite. Tapar y cocinar en microondas durante 4 minutos en máximo. Revolver a mitad de cocción.

▼ Agregar la carne cortada en cubos. Volver a tapar y cocinar otros 5 minutos en máximo.

▼ Añadir el puré de tomates, tapar y cocinar durante 10 minutos más al 50%.

▼ Incorporar la harina, el caldo caliente y las zanahorias y el choclo escurridos. Condimentar con sal, pimienta, laurel y pimentón. Cocinar 5 minutos en máximo, sin tapar. Servir en el momento.

– *Congelar en recipiente rígido. Dura 3 meses.*
– *Descongelar en microondas al 80% de 15 a 18 minutos.*

# Guiso en cazuelas de pan

### INGREDIENTES

| | |
|---|---|
| 6 panes de campo medianos | 1 chorizo colorado |
| 1 lata de puré de tomates | 1 paquete de salchichas |
| 1 lata de lentejas | para copetín |
| 1 lata de garbanzos | 1 taza de caldo de carne |
| 1 lata de zanahorias en rodajas | sal y pimienta |
| 1 lata de papines | perejil |

▼ Quitar una tapa a los panes. Ahuecarlos y reservarlos.

▼ Colocar el puré de tomates en una cacerola sobre el fuego. Incorporar las lentejas, los garbanzos, las zanahorias y los papines, todo escurrido. Agregar el chorizo colorado sin piel, cortado en rodajas, y las salchichas para copetín. Verter el caldo y salpimentar.

▼ Cuando todo esté bien caliente, repartir el guiso en los panes. Espolvorear con perejil picado y presentar de inmediato.

> Es una receta genial para saborear mientras miramos un video, sentados sobre almohadones junto a una mesita baja. Después, pororó en microondas: Poner en un recipiente amplio 2 cucharadas de maíz pisingallo y unas gotas de aceite neutro. Tapar y cocinar en microondas durante 5 minutos en máximo. Servir con miel, caramelo o sal.

# Lomo Strogonoff en cazuela

## INGREDIENTES

| |
|---|
| 1 cebolla |
| 1 diente de ajo |
| 750 g de lomo |
| 1 cucharada de manteca |
| 2 cucharadas de aceite de oliva |
| 1 sobre de polvo para sopa |
| crema de champiñones |
| 1 lata de champiñones |
| sal y pimienta |
| 200 cc de crema de leche |
| arroz blanco, para acompañar |

▼ Picar la cebolla y el ajo. Cortar el lomo en cubos.

▼ Calentar la manteca y el aceite de oliva en una cazuela. Dorar la cebolla, el ajo y el lomo. Agregar el polvo para sopa y los champiñones con su líquido. Cocinar durante 20 minutos.

▼ Salpimentar e incorporar la crema de leche.

▼ Servir bien caliente, con arroz blanco.

*– Congelar en recipiente rígido. Dura 4 meses.*
*– Descongelar en microondas al 80% de 20 a 25 minutos.*

# Mix vegetal

### INGREDIENTES

1 lata de tomate cubeteado

1 cucharada de cebolla deshidratada

1 cucharada de pimientos deshidratados

1/2 cucharada de ajo en escamas

sal y pimienta

5 rodajas de berenjena deshidratada

1 lata de chauchas en trozos

1 lata de choclo en granos

1 lata de zanahorias en rodajas

tomillo

▼ Colocar el tomate cubeteado en una cacerola. Llevar al fuego y calentar. Agregar la cebolla, los pimientos y el ajo. Salpimentar y añadir la berenjena. Incorporar las chauchas, el choclo y las zanahorias, todo escurrido. Cocinar durante 10 minutos.

▼ Perfumar con tomillo antes de servir.

> Los vegetales deshidratados deben guardarse en envases herméticos. Las hierbas secas, en especieros opacos bien cerrados.

– Congelar en recipiente rígido. Dura 2 meses.
– Descongelar en microondas al 80% de 8 a 10 minutos o hasta calentar.

# Risotto aromático

F M

## INGREDIENTES

| |
|---|
| 1 cebolla común |
| 2 cebollas de verdeo |
| 2 dientes de ajo |
| 50 g de manteca |
| 1 taza de arroz de grano corto |
| 1 y 1/2 taza de caldo de verduras |
| laurel |
| 2 cucharadas de albahaca picada |
| 1/2 lata de tomate cubeteado |
| sal y pimienta |
| 4 cucharadas de queso rallado |

▼ Picar las dos clases de cebolla y el ajo. Colocar todo en un recipiente con la manteca. Tapar y cocinar en microondas durante 4 minutos en máximo.

▼ Agregar el arroz y el caldo. Aromatizar con el laurel y la albahaca. Tapar nuevamente y cocinar en máximo durante 8 minutos más. Revolver a mitad de cocción.

▼ Añadir el tomate cubeteado. Salpimentar y cocinar otros 2 minutos en máximo, sin tapar.

▼ Espolvorear con el queso rallado y presentar en seguida.

❄ – Congelar en recipiente rígido. Dura 8 meses.
– Descongelar en microondas al 50% de 8 a 10 minutos.

# Tomática chilena

## INGREDIENTES

1 cebolla

2 dientes de ajo

3 cucharadas de aceite de oliva

1 kilo de carne vacuna

sin grasa

sal y pimienta

8 tomates perita

orégano

1 taza de caldo de verduras

1 lata de papines

1 lata de choclo en granos

2 cucharadas de perejil picado

4 cucharadas de cubitos de pan

tostados

▼ Picar la cebolla y los ajos. Dorarlos en una olla con el aceite caliente. Incorporar la carne cortada en cubos y salpimentar. Agregar los tomates pelados y picados, el orégano y el caldo. Añadir los papines y el choclo, ambos escurridos. Cocinar a fuego muy suave de 30 a 40 minutos, hasta que la carne esté tierna.

▼ Distribuir la preparación en cazuelitas individuales. Espolvorear con el perejil y colocar en el centro una porción de cubitos de pan. Servir de inmediato.

– Congelar en recipiente rígido, sin los papines. Dura 4 meses.
– Descongelar en microondas al 80% de 15 a 18 minutos o hasta calentar.

# PARA MOJAR
# EL PANCITO,
## todo pastas y salsas

# Cocción de las pastas

**EN COCINA CONVENCIONAL**

▼ Calcular 150 gramos de pasta fresca o 100 gramos de pasta seca por porción.

▼ Colocar en una olla amplia 1 litro de agua por cada 100 gramos de pasta. Llevar al fuego y, cuando rompa el hervor, agregar 1/2 cucharada de sal gruesa por litro. Echar la pasta, revolver una sola vez y mantener una ebullición no muy fuerte sobre llama mediana. Cocinar hasta que la pasta esté al dente; esto significa que al morderla se note firme sin estar cruda en su interior.

▼ Colar y mezclar con la salsa que se prefiera.

**EN MICROONDAS**

▼ Calentar 1 litro de agua por cada 100 gramos de pasta, en un recipiente amplio. Cuando hierva, salar y añadir la pasta. Cocinar en máximo, sin tapar. Cada 250 gramos de pasta calcular 5 minutos si es fresca o 6 minutos si es seca.

▼ En ambos casos, revolver a mitad de cocción, colar al final y dejar reposar de 2 a 3 minutos antes de agregar la salsa.

# Canelones de choclo y queso

## INGREDIENTES

| | |
|---|---|
| 2 sobres de polvo para salsa blanca | 4 cucharadas de queso rallado |
| 500 cc de leche | sal, pimienta y nuez moscada |
| 1/2 sobre de polvo para sopa crema de choclo | 1 paquete de masa precocida para canelones |
| 250 cc de agua | 1 lata de salsa fileto |
| 1 lata de choclo en granos | 1/2 taza de leche extra |

▼ Preparar la salsa blanca con la leche y la sopa crema con el agua, siguiendo las instrucciones de los envases.

▼ Reservar una cuarta parte de la salsa. Mezclar el resto con la sopa preparada. Añadir el choclo escurrido y el queso rallado. Sazonar con sal, pimienta y nuez moscada. Unir bien.

▼ Colocar un poco de la preparación sobre cada cuadrado de masa y enrollar.

▼ Acomodar los canelones en una fuente térmica, con un poco de salsa fileto en el fondo. Bañar con el resto de la salsa fileto. Cubrir con la salsa blanca que se había reservado, aligerada con la leche extra.

▼ Llevar al horno durante 30 minutos. Presentar bien calientes.

– *Congelar en recipiente rígido. Dura 3 meses.*
– *Descongelar en microondas al 80% de 20 a 30 minutos.*

# Canelones de centolla imitación

F C

## INGREDIENTES

6 cucharadas de queso
mascarpone

sal y pimienta

2 cucharadas de hierbas frescas
picadas (perejil, *ciboulette*,
orégano, romero)

12 *crêpes*

12 bastones de centolla
imitación

200 cc de crema de leche

3 cucharadas de ketchup

▼ Salpimentar el queso mascarpone, enriquecerlo con las hierbas y emplearlo para untar las *crêpes*. Colocar un bastón de centolla imitación sobre cada una y enrollar.

▼ Ubicar los canelones en una fuente térmica. Bañarlos con la crema de leche salpimentada y mezclada con el ketchup.

▼ Llevar al horno durante 15 minutos. Servir en el momento.

> Si no tiene a mano hierbas frescas, úselas secas. Recuerde que 1 cucharadita de hierbas secas equivale a 1 cucharada de hierbas frescas, pues la pérdida de humedad concentra los aromas.

– Congelar en recipiente rígido. Dura 1 mes.
– Descongelar en microondas al 80% hasta calentar.

# Crêpes de choclo

### INGREDIENTES

1 cebolla pequeña

aceite, para rehogar

1 lata de choclo cremoso

1 cucharada de fécula de maíz

1 cucharada de harina

3 cucharadas de queso rallado

1 diente de ajo

sal, pimienta y nuez moscada

1 paquete de *crêpes*

1 lata de salsa fileto

1/4 de vaso de vino blanco

1 hoja de laurel

▼ Picar la cebolla y el ajo. Rehogarlos en un poco de aceite y reservarlos.

▼ Colocar en una cacerola el choclo, la fécula y la harina. Llevar al fuego y revolver hasta que hierva y espese. Retirar y añadir el queso rallado, la cebolla y el ajo. Sazonar con sal, pimienta y nuez moscada.

▼ Distribuir la preparación de choclo sobre las *crêpes*. Cerrar como paquetitos o doblar en cuatro como pañuelos. Acomodarlas en una fuente térmica.

▼ Calentar la salsa fileto con el vino y el laurel. Salpimentar, retirar el laurel y volcar sobre las *crêpes*. Espolvorear con el queso rallado.

▼ Llevar al horno de 15 a 20 minutos, hasta gratinar.

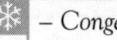
– *Congelar en recipiente rígido. Dura de 3 a 4 meses.*
– *Descongelar en microondas al 80% durante 20 minutos.*

# Fideos de crêpes superbuenos

## INGREDIENTES

12 crêpes

1 cebolla de verdeo

1 cucharada de manteca

1 lata de champiñones

200 g de jamón cocido

200 cc de crema de leche

sal, pimienta y nuez moscada

4 cucharadas de queso rallado

1 cucharada de perejil picado

▼ Cortar las *crêpes* en tiras de 1/2 cm de ancho, para obtener los fideos. Colocarlos en una fuente térmica enmantecada y reservarlos.

▼ Picar la cebolla de verdeo y rehogarla en la manteca. Escurrir y filetear los champiñones. Picar groseramente el jamón. Mezclar todo. Incorporar la crema de leche y condimentar con sal, pimienta y nuez moscada. Volcar sobre los fideos.

▼ Espolvorear con el queso rallado. Gratinar en el horno.

▼ Retirar, espolvorear con el perejil y presentar de inmediato.

– *Congelar en recipiente rígido. Dura 2 meses.*
– *Descongelar en microondas al 80% de 8 a 10 minutos.*

# Lasaña de crêpes

## INGREDIENTES

| |
|---|
| 1 cebolla |
| aceite, para rehogar |
| 500 g de ricota |
| 50 gramos de jamón cocido |
| 1 cucharada de ajo y perejil picados |
| sal, pimienta y nuez moscada |
| 1 lata de salsa fileto |
| 12 *crêpes* |
| 150 g de queso de máquina |
| 4 cucharadas de queso rallado |

▼ Picar la cebolla y rehogarla en un poco de aceite. Mezclarla con la ricota, el jamón picado, el ajo y el perejil. Sazonar con sal, pimienta y nuez moscada. Reservar.

▼ Colocar un poco de salsa en el fondo de una fuente térmica cuadrada o rectangular. Disponer 2 ó 3 *crêpes*, una capa de la mezcla de ricota y algunas tajadas de queso de máquina. Seguir alternando las *crêpes*, la mezcla de ricota y el queso de máquina, por capas. Terminar con *crêpes*. Bañar con la salsa restante.

▼ Espolvorear con el queso rallado y gratinar en el horno.

> *Se pueden incorporar al relleno 2 huevos duros picados. En este caso, no congelar.*

*– Congelar en recipiente rígido. Dura de 2 a 3 meses.*
*– Descongelar en microondas al 80% hasta calentar.*

# Cañoncitos de acelga

F C

## INGREDIENTES

1 paquete de acelga congelada

2 cucharadas de ricota

2 cucharadas de queso rallado

sal, pimienta y nuez moscada

8 panqueques cuadrados
envasados

8 tajadas de jamón cocido

8 tajadas de queso de máquina

1 lata de salsa napolitana

1/2 vaso de vino blanco

200 cc de crema de leche

queso rallado extra,
para espolvorear

▼ Descongelar la acelga como indica el envase. Escurrirla y picarla. Mezclarla con la ricota y el queso rallado. Condimentar con sal, pimienta y nuez moscada. Reservar.

▼ Apoyar sobre cada panqueque una tajada de jamón cocido y otra de queso de máquina. Colocar junto a uno de los lados un poco de la mezcla de acelga y enrollar.

▼ Disponer los cañoncitos en una fuente térmica. Cubrirlos con la salsa napolitana previamente calentada junto con el vino. Verter arriba la crema. Espolvorear con queso rallado.

▼ Gratinar en el horno caliente y servir.

 – Congelar en recipiente rígido. Dura de 4 a 5 meses.
– Descongelar en microondas al 80% de 20 a 30 minutos.

# Capeletones Vuelta y Vuelta

F M C

## INGREDIENTES

250 gramos de *mozzarella*

150 gramos de jamón cocido

1 paquete de masa
para pastelitos

sal y pimienta

SALSA

100 g de queso roquefort

250 cc de crema de leche

2 cucharadas de nueces picadas

sal y pimienta

▼ Rallar la *mozzarella* y picar el jamón.

▼ Separar los cuadrados de masa. Repartir sobre ellos la *mozzarella* y el jamón. Salpimentar. Humedecer el borde con agua, doblar la masa por la diagonal y presionar el contorno para sellar. Unir las puntas para formar los capeletones.

▼ Hervirlos en abundante agua con sal durante pocos minutos, hasta que estén a punto. Escurrirlos y salsearlos.

## SALSA

▼ Desmenuzar el roquefort y mezclarlo con la crema en un recipiente. Calentar en microondas al 80% durante 3 minutos, revolviendo cada minuto.

▼ Retirar y unir con las nueces. Condimentar con muy poca sal y pimienta a gusto.

– Congelar en recipiente rígido. Dura 2 meses.
– Descongelar en microondas al 80% de 4 a 5 minutos.

# Espirales a la florentina

F  C

## INGREDIENTES

1 paquete de espinaca
congelada

500 g de ricota

150 g de queso rallado

2 huevos

sal, pimienta y nuez moscada

2 tapas rectangulares de masa
para pascualina

▼ Descongelar la espinaca como indica el envase. Escurrirla y picarla. Mezclarla con la ricota y el queso rallado. Unir con los huevos. Condimentar con sal, pimienta y nuez moscada. Reservar.

▼ Estirar los rectángulos de masa. Unirlos por uno de los lados largos, para obtener una hoja grande.

▼ Extender la preparación de espinaca sobre las tres cuartas partes de la masa y enrollar. Envolver en un lienzo blanco y atar las puntas.

▼ Cocinar en una olla grande con abundante agua hirviente de 20 a 25 minutos. Retirar, desenvolver y cortar en rodajas, para obtener las espirales.

▼ Acompañar con cualquiera de las salsas que figuran en este mismo capítulo.

> En la cocina clásica se aplica la denominación "a la florentina" a las preparaciones que llevan espinaca.

– Congelar en bolsa con separadores. Duran 1 mes.
– Descongelar en microondas al 80% hasta calentar.

# Fusilli a la siciliana

### INGREDIENTES

2 dientes de ajo

3 cucharadas de aceite de oliva

1 lata de tomates

sal y pimienta

50 g de aceitunas negras

1 cucharada de perejil picado

250 g de *mozzarella*

400 g de *fusilli*

▼ Picar los ajos y dorarlos en una sartén amplia con el aceite de oliva. Agregar los tomates licuados con su jugo y salpimentar. Cocinar durante 10 minutos. Añadir las aceitunas descarozadas, enteras, y el perejil picado. Incorporar la *mozzarella* cortada en dados chicos y revolver hasta que se funda.

▼ Agregar los *fusilli* cocidos y escurridos. Mezclar, distribuir en los platos y llevar a la mesa.

> *En esta preparación sustanciosa y aromática se aprecian los acentos de la cocina mediterránea.*

 — *Congelar la salsa en recipiente rígido. Dura 4 meses.*
— *Descongelar en microondas al 80% durante 8 minutos o hasta calentar.*

# Moños con salsa de atún

### INGREDIENTES

2 zapallitos largos

1 diente de ajo

3 cucharadas de aceite de oliva

1 lata de salsa fileto

1 lata chica de atún al natural

sal y pimienta

400 g de moños

unas hojas de salvia

▼ Cortar los zapallitos en cubos chicos. Picar el ajo. Saltear ambos ingredientes en una sartén amplia con el aceite de oliva. Agregar la salsa y el atún escurrido y desmenuzado. Calentar todo junto y salpimentar.

▼ Volcar sobre los moños cocidos, colados y dispuestos en una fuente. Espolvorear con un toque de salvia picada y servir en seguida.

> *La combinación de pastas con hortalizas y pescado contribuye a mantener el equilibrio nutricional en el menú familiar.*

 *– Congelar en recipiente rígido. Dura 1 mes.*
*– Descongelar en microondas al 80% de 6 a 10 minutos.*

# Mostacholes a la vodka

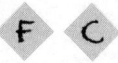

## INGREDIENTES

1 cucharada de aceite

1 lata de tomate cubeteado

2 cucharadas de cebolla deshidratada

sal y pimienta

1/2 vaso de vodka

200 cc de crema de leche

400 g de mostacholes

▼ Poner en una sartén honda el aceite, el tomate cubeteado y la cebolla deshidratada. Llevar al fuego y cocinar durante 10 minutos. Salpimentar, verter la vodka y dejar que se evapore el alcohol. Agregar la crema y continuar la cocción durante 5 minutos más.

▼ Mezclar con los mostacholes cocidos y colados. Saborear en el momento.

> No olvide que el alto contenido alcohólico de la vodka es capaz de combatir el frío de las estepas rusas. Por lo tanto, reserve este plato para el invierno, pues la suma de esa bebida más la crema y la pasta hace que resulte especialmente indicado para entrar en calor.

– Congelar la salsa en recipiente rígido, dejando 1 cm libre. Dura 3 meses.
– Descongelar en microondas al 80% de 6 a 8 minutos o hasta calentar.

# Ñoquis a la carbonara

## INGREDIENTES

200 g de panceta ahumada

1 cucharada de aceite de oliva

200 cc de crema de leche

3 huevos

3 yemas

sal y pimienta

600 g de ñoquis (o 2 cajas)

queso rallado

▼ Cortar la panceta en tiritas. Saltearla en una sartén con el aceite de oliva hasta que resulte dorada y crocante. Añadir la mitad de la crema y calentar.
▼ Mientras tanto, batir los huevos con las yemas y el resto de la crema. Salpimentar. Añadir la preparación anterior y mezclar rápidamente.
▼ Volcar de inmediato sobre los ñoquis recién cocidos y escurridos. Mezclar, espolvorear con queso rallado y servir.

> *Si quiere hacer los ñoquis en casa, cuide las proporciones para tener la seguridad de que no salgan duros. Utilice 350 gramos de harina y 1 huevo por cada kilo de papas cocidas y pisadas. Condimente a gusto con sal, pimienta y nuez moscada y trabaje la masa lo menos posible.*

# Tallarines gratinados en cazuelitas

## INGREDIENTES

1 sobre de polvo para salsa
blanca

200 g de jamón cocido

200 g de queso rallado

sal, pimienta y nuez moscada

300 g de tallarines

manteca

▼ Preparar la salsa blanca siguiendo las instrucciones del envase. Agregarle el jamón picado grueso y la mitad del queso rallado. Sazonar con sal, pimienta y nuez moscada. Mezclar con los tallarines cocidos y colados.

▼ Enmantecar 6 cazuelitas individuales. Distribuir en ellas la preparación. Espolvorear con el resto del queso. Colocar un trocito de manteca en cada una.

▼ Gratinar en el horno caliente de 6 a 8 minutos. Retirar y presentar.

> – En lugar de espolvorear los tallarines con queso rallado se pueden cubrir con tajadas de queso mantecoso. Para poder cortarlo sin que se pegue al cuchillo, mojar la hoja de éste con agua helada y enfriar previamente el queso colocándolo en el freezer durante unos minutos.
> – La salsa blanca prelista se puede reemplazar por bechamel casera, y el jamón cocido, por otro agregado a elección.

# Salsa bechamel

### INGREDIENTES

| | |
|---|---|
| 50 g de harina | 50 g de manteca |
| 500 cc de leche | sal, pimienta y nuez moscada |

▼ Disolver la harina en la leche dentro de un recipiente amplio. Añadir la manteca. Cocinar en microondas, sin tapar, durante 5 minutos en máximo. Agitar con batidor cada 2 minutos. Condimentar con sal, pimienta y nuez moscada.

> *Se puede enriquecer con pollo, atún, albahaca, brócoli, jamón o quesos.*

> – *Congelar en recipiente rígido. Dura de 2 a 3 meses.*
> – *Descongelar en microondas al 80% de 5 a 8 minutos, revolviendo 2 veces.*

# Salsa blanca light

### INGREDIENTES

| | |
|---|---|
| 1 cucharada de fécula de maíz | 1 cucharada de aceite de maíz |
| 250 cc de leche descremada | sal, pimienta y nuez moscada |

▼ Disolver la fécula en la leche fría, dentro de una cacerolita. Llevar sobre fuego suave hasta que hierva y espese. Retirar.
▼ Agregar el aceite, condimentar y mezclar para homogeneizar.

> *Esta salsa puede saborizarse con 1 cucharada de queso magro rallado o volverse rosada, con el agregado de 1 cucharada de ketchup.*

# Salsa de tomate

## INGREDIENTES

| |
|---|
| 1 cebolla chica |
| 1/2 pimiento rojo |
| 50 cc de aceite de oliva |
| 1 lata de tomates |
| sal y pimienta |
| 1 hoja de laurel |
| 1/2 cucharadita de azúcar |

▼ Picar la cebolla y el pimiento. Colocarlos en un recipiente amplio con el aceite de oliva. Tapar y cocinar en microondas durante 4 minutos en máximo.

▼ Agregar los tomates licuados. Salpimentar, perfumar con el laurel y añadir el azúcar para contrarrestar la acidez. Cocinar otros 8 minutos en máximo, sin tapar.

> *Sugiero emplear tomates enlatados por una cuestión de practicidad, pero la salsa también se puede hacer con tomates frescos, sobre todo en temporada, cuando están maduros y baratos. Para que la piel se desprenda con facilidad, sumergirlos en 500 cc de agua caliente (para 2 grandes), llevarlos al microondas de 45 a 60 segundos y pasarlos por agua helada antes de pelarlos.*

*– Congelar en recipiente rígido. Dura de 4 a 6 meses.*
*– Descongelar en microondas al 80% de 8 a 10 minutos.*

1 Ensalada de centolla imitación (*pág. 15*)
2 Ensalada de queso y uvas (*pág. 18*)

Fondue mixta (pág. 122)

Rosetitas sorpresa (*pág. 177*)

**1** Tacos de pollo *(pág. 103)*
**2** Nachos con guacamole *(pág. 102)*

Supremas a la naranja (pág. 144)

# Salsa boloñesa

### INGREDIENTES

1 cebolla

1 diente dè ajo

1/2 pimiento rojo

1 zanahoria

2 cucharadas de aceite de oliva

300 g de carne picada

1 lata de puré de tomates

100 cc de caldo

sal y pimienta

orégano

1 cucharadita de azúcar

▼ Picar la cebolla, el ajo y el pimiento. Rallar la zanahoria.

▼ Colocar todos los vegetales en un recipiente amplio con el aceite de oliva. Tapar y cocinar en microondas durante 8 minutos en máximo.

▼ Agregar la carne y mezclar bien. Incorporar el puré de tomates y el caldo. Condimentar con sal, pimienta y orégano. Añadir el azúcar. Cocinar en máximo de 10 a 12 minutos más, sin tapar. Revolver a mitad de cocción.

*— Congelar en recipiente rígido. Dura de 4 a 6 meses.*
*— Descongelar en microondas al 80% de 10 a 12 minutos.*

# Salsa putanesca

### INGREDIENTES

| | |
|---|---|
| 3 cucharadas de aceite de oliva | 1 lata de tomates |
| 2 dientes de ajo | 3 cucharadas de alcaparras |
| 6 filetes de anchoas | pimienta, orégano y ají molido |
| 6 aceitunas negras | |

▼ Calentar el aceite de oliva en una cacerola. Agregar los ajos picados, las anchoas desmenuzadas y las aceitunas descarozadas y cortadas en tiritas. Incorporar los tomates licuados y las alcaparras. Condimentar con pimienta, orégano y ají molido. Probar y salar sólo si es necesario. Retirar cuando todo esté bien caliente.

 – *Congelar en recipiente rígido. Dura de 4 a 6 meses.*
– *Descongelar en microondas al 80% de 8 a 10 minutos.*

# Pesto

### INGREDIENTES

| | |
|---|---|
| 1 ramo de albahaca | 4 cucharadas de nueces picadas |
| 6 dientes de ajo | 100 g de queso parmesano |
| 1 pocillo de aceite de oliva | sal y pimienta |

▼ Procesar las hojas de albahaca junto con los ajos. Incorporar el aceite y procesar un momento más. Retirar. Unir con el parmesano rallado. Agregar las nueces y salpimentar.

 – *Congelar en recipiente rígido. Dura de 1 a 2 meses.*
– *Descongelar a temperatura ambiente.*

# Un vuelta
# y vuelta

## que nos resuelve
## la cena

# Arroz con pollo y camarones

### INGREDIENTES

| |
|---|
| 1 cebolla |
| 1 pimiento rojo |
| 2 dientes de ajo |
| sal y pimienta |
| 3 cucharadas de aceite de oliva |
| 1 kilo de presas de pollo |
| laurel |
| ají molido |
| 300 g de arroz |
| 1 dedal de azafrán |
| 500 cc de caldo de pollo |
| 150 g de camarones |
| 1 lata de arvejas |

▼ Picar la cebolla, el pimiento y los ajos. Mezclar todo en un recipiente. Salpimentar, agregar la mitad del aceite y tapar. Cocinar en microondas durante 4 minutos en máximo.

▼ Aparte, salpimentar las presas de pollo. Dorarlas de ambos lados en una olla con el resto del aceite, sobre el fuego. Incorporar los vegetales, el laurel, el ají molido, el arroz y el azafrán disuelto en el caldo. Cocinar hasta que el arroz esté a punto. Por último, agregar los camarones y las arvejas escurridas. Calentar todo junto y servir.

 – *Congelar en recipiente rígido, sin los camarones. Dura de 3 a 4 meses.*
– *Descongelar en microondas al 80% de 20 a 30 minutos.*

# Bifes de cerdo marinados

F   C

## INGREDIENTES

8 bifes de cerdo gruesos

sal y pimienta

2 dientes de ajo

1 cucharada de mostaza

aceite de oliva

1 cebolla de verdeo

1 puerro

1/2 taza de coñac

1/4 de taza de caldo de carne

2 cucharaditas de salsa de soja

1 cucharada de fécula de maíz

papas *noisette*, para acompañar

▼ Salpimentar los bifes de cerdo. Ponerlos en un recipiente junto con los ajos picados y la mostaza disuelta en un poco de aceite de oliva. Dejarlos marinar durante 2 horas.

▼ Picar la cebolla de verdeo y el puerro. Rehogarlos en una sartén con 2 cucharadas de aceite de oliva. Agregar la carne con su marinada. Verter el coñac y dejar que se evapore el alcohol. Añadir el caldo y la salsa de soja. Incorporar la fécula disuelta en agua fría y dejar que espese.

▼ Acompañar con papas *noisette* recién fritas.

---

✳ – Congelar en recipiente rígido, sin las papas. Dura 4 meses.
– Descongelar en microondas al 80% de 15 a 18 minutos.

---

# Budín de espinaca con champiñones

F  M  C

### INGREDIENTES

| | |
|---|---|
| 1/2 cebolla | sal, pimienta y nuez moscada |
| 1/2 pimiento rojo | 1 cucharada de fécula de maíz |
| 1 diente de ajo | champiñones frescos |
| 1 cucharada de manteca | SALSA |
| 600 g de espinaca congelada | 200 cc de crema de leche |
| 300 g de ricota | 1 triangulito de queso fontina |
| 2 cucharadas de queso rallado | fundido |
| 4 huevos | |

▼ Picar la cebolla, el pimiento y el ajo. Colocarlos en un recipiente junto con la manteca. Tapar y cocinar en microondas durante 3 minutos en máximo.

▼ En otro recipiente, sin tapar, descongelar la espinaca de 6 a 7 minutos en máximo. Escurrirla y picarla. Mezclarla con los demás vegetales, la ricota, el queso rallado y los huevos. Condimentar con sal, pimienta y nuez moscada. Agregar la fécula y unir.

▼ Volcar la mitad de la preparación en un molde alargado de 30 cm, forrado con una tira de papel manteca enmantecado. Acomodar los champiñones limpios y enteros, cabeza abajo, formando una franja en el centro. Cubrir con el resto de la preparación. Tapar con film y cocinar en microondas de 18 a 20 minutos al 60%.

▼ Desmoldar, cortar en tajadas y servir con la salsa.

### SALSA

▼ Poner en una sartén la crema de leche y el queso cortado en trocitos. Calentar sobre fuego suave y revolver hasta homogeneizar.

 – Congelar por separado el budín, envuelto en film y bolsa, y la salsa, en recipiente rígido, dejando 2 cm libres. Duran 3 meses.
– Descongelar en microondas al 80%, también por separado: el budín de 10 a 15 minutos, y la salsa de 5 a 8 minutos, revolviendo cada 2 minutos.

# Envueltos agridulces

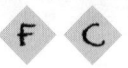

## INGREDIENTES

8 bifes de nalga o cuadrada

sal y pimienta

8 cucharadas de queso rallado

8 lonjas de panceta ahumada

8 puntas de espárragos

al natural

mostaza, para untar

SALSA

500 cc de caldo de carne

hecho con 2 cubitos

2 cucharadas de fécula de maíz

2 cucharadas de azúcar negra

1 cucharada de mostaza

200 cc de crema de leche

▼ Desgrasar los bifes, salpimentarlos y extenderlos sobre una tabla. Colocar una lonja de panceta, 1 cucharada de queso rallado y una punta de espárrago sobre cada uno. Enrollar, untar con la mostaza y envolver individualmente en papel de aluminio. Llevar al horno durante 40 minutos. Dar vuelta a mitad de la cocción.

▼ Desenvolver, bañar con la salsa y presentar.

### SALSA

▼ Calentar el caldo hasta que hierva. Agregar la fécula disuelta en agua fría y dejar que espese. Incorporar el azúcar, la mostaza y la crema de leche. Salpimentar.

*– Congelar envueltos en film y bolsa, sin la salsa. Duran 6 meses.*
*– Descongelar en el horno.*

# Escalopes al marsala

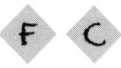

## INGREDIENTES

4 escalopes de ternera de 150 g

sal y pimienta

2 cucharadas de manteca

1 vaso de vino marsala

1 cucharada de mostaza
en polvo

1 cucharadita de fécula de maíz

100 cc de crema de leche

1/2 sobre de polvo para sopa
crema de champiñones

100 cc de agua fría

1 lata de papines

▼ Limpiar los escalopes y salpimentarlos. Calentar la manteca en una sartén y dorarlos de ambos lados. Retirar y reservar.

▼ Verter el vino en la sartén. Agregar la mostaza, la fécula de maíz y el polvo para sopa disueltos en el agua fría. Dejar que hierva y agregar los escalopes reservados. Incorporar los papines escurridos, calentarlos y servir.

> *Envuelta en film o papel de aluminio, la manteca se conserva en el freezer durante muchos meses.*

– *Congelar en recipiente rígido, sin los papines. Dura 4 meses.*
– *Descongelar en microondas al 80% de 15 a 18 minutos.*

# Lenguado al roquefort

### INGREDIENTES

200 g de papas

1 cucharada de manteca

sal y pimienta

1 cucharada de perejil picado

1 cucharada de cebolla picada

8 filetes de lenguado

50 g de queso roquefort

200 cc de crema de leche

2 cucharadas de coñac

2 cucharadas de nueces picadas

▼ Pelar las papas y cortarlas en rodajas finitas. Colocarlas en un recipiente cuadrado de 25 cm de lado, untado con la manteca. Salpimentar y esparcir encima el perejil y la cebolla. Tapar y cocinar en microondas durante 12 minutos en máximo. Revolver a mitad del tiempo. Acomodar arriba los filetes, salpimentar, tapar y cocinar en máximo 10 minutos más.

▼ Pisar el queso con la crema. Unir con el coñac y las nueces. Volcar sobre los filetes. Cocinar durante 3 minutos en máximo, con el recipiente destapado, y servir.

# Matambritos de cerdo al verdeo

### INGREDIENTES

4 matambritos de cerdo chicos

sal y pimienta

500 g de cebollas de verdeo

aceite

1/2 taza de vino blanco

1 cubito de caldo de carne

1 taza de agua caliente

50 cc de crema de leche

papas hervidas,

para acompañar

▼ Salpimentar los matambritos, dorarlos de ambos lados en la plancha caliente y reservarlos.

▼ Picar las cebollas de verdeo. Dorarlas en una sartén con un poco de aceite. Verter el vino. Agregar el cubito de caldo, aplastarlo con un tenedor para desmenuzarlo y añadir el agua caliente y la crema. Incorporar los matambritos y completar la cocción durante pocos minutos.

▼ Acompañar con papas al natural.

> La crema de leche se puede conservar en el freezer si se va a usar para cocinar, como en esta receta.

 – Congelar en recipiente rígido, sin las papas. Dura 2 meses.
– Descongelar en microondas al 80% de 15 a 20 minutos.

# Milanesas rellenas

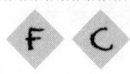

### INGREDIENTES

| | |
|---|---|
| 8 escalopes de nalga o bola de lomo | 1 cucharada de ajo y perejil picados |
| sal y pimienta | 1 taza de pan rallado |
| 2 cebollas de verdeo picadas y rehogadas | 3 cucharadas de queso rallado |
| 4 tajadas de *mozzarella* | aceite, para freír |
| 2 pimientos asados y pelados | lechuga y tomate, para acompañar |
| 2 huevos | |

▼ Extender 4 escalopes sobre una tabla. Salpimentarlos y colocar un poco de cebolla de verdeo, una tajada de *mozzarella* y una tira de pimiento sobre cada uno. Tapar con los otros escalopes.

▼ Batir los huevos, salpimentarlos y añadirles el ajo y el perejil picados. Pasar los escalopes rellenos por el batido y rebozarlos con el pan rallado mezclado con el queso rallado. Pasarlos otra vez por el batido y nuevamente por la mezcla de pan y queso rallados.

▼ Freír en aceite caliente hasta dorar de ambos lados. Servir con ensalada de lechuga y tomate.

— Congelar las milanesas rellenas, crudas, en bolsa con separadores. Duran 2 meses.
— Freír sin descongelar, aumentando el tiempo y disminuyendo la temperatura del aceite.

# Papas a la crema con panceta

### INGREDIENTES

500 g de papas

sal y pimienta

50 g de queso rallado

200 cc de crema de leche

250 g de panceta ahumada

perejil

▼ Cocinar las papas con cáscara. Pelarlas y cortarlas en rodajas finas. Acomodar la mitad dentro de una fuente térmica enmantecada, formando una capa pareja. Salpimentar, espolvorear con parte del queso rallado y verter un poco de crema. Colocar encima otra capa de papas, salpimentar y agregar el queso y la crema restantes.

▼ Cortar las lonjas de panceta en tiras. Cubrir la superficie de las papas con ellas, cruzándolas para hacer un enrejado.

▼ Llevar al horno caliente durante 15 minutos. Al retirar, espolvorear con perejil picado.

> – El freezer es un excelente aliado para casi todo, pero tiene sus excepciones y conviene conocerlas. Las papas, por ejemplo, sólo pueden congelarse prefritas. Si se freezan crudas, hervidas o cocidas en microondas, al descongelarlas se obtiene... ¡un desastre!, porque la textura resulta pastosa.
> – Si se olvidó de comprar sal fina, resuelva el problema al instante simplemente procesando sal gruesa.

# Pan de carne campesino

## INGREDIENTES

| | |
|---|---|
| 250 g de panceta ahumada | 1 cucharada de perejil picado |
| 1 cebolla | 200 g de espinaca |
| 1/2 pimiento rojo | 4 huevos duros |
| 600 g de carne picada (nalga) | tomatitos *cherry* y *ciboulette*, |
| 1 rebanada de pan lácteo | para adornar |
| 4 cucharadas de queso rallado | arvejas y zanahorias, |
| 2 huevos crudos | para acompañar |
| sal, pimienta y orégano | 1 lata de salsa fileto (opcional) |

▼ Forrar un molde alargado de 30 cm con 150 gramos de la panceta, dejando que los extremos de las lonjas sobresalgan del borde.

▼ Picar la cebolla, el pimiento y el resto de la panceta. Mezclar todo con la carne. Agregar el pan descortezado y desmenuzado, el queso rallado, los huevos crudos apenas batidos y los condimentos. Añadir la espinaca cocida, escurrida y picada. Mezclar bien.

▼ Volcar la mitad de la preparación en el molde preparado. Acomodar arriba los huevos duros enteros, uno al lado del otro, formando una hilera en el centro. Cubrir con el resto de la mezcla. Doblar los extremos de las lonjas de panceta para tapar parcialmente.

▼ Cubrir con papel de aluminio y llevar al horno moderado durante 45 minutos.

▼ Desmoldar y adornar con tomatitos *cherry* y *ciboulette*. Acompañar con arvejas y zanahorias. Si se desea, ofrecer la salsa caliente en una salsera.

– *Congelar envuelto en papel de aluminio y bolsa. Dura 6 meses.*
– *Descongelar en microondas al 80% durante 25 minutos.*

# Pastel de batatas y carne

F M C

## INGREDIENTES

| | |
|---|---|
| 1 y 1/2 kilo de batatas | 1 cucharada de perejil picado |
| 1 yema | 2 cucharadas de aceitunas |
| sal y pimienta | verdes descarozadas y picadas |
| 1 cebolla | 1 huevo crudo |
| 1 cucharada de aceite | 2 huevos duros |
| 500 g de carne picada | queso rallado |
| (nalga o *roast beef*) | manteca |
| 1 tomate | |

▼ Pelar las batatas y cortarlas en cubos. Ponerlas en un recipiente, tapar y cocinar en microondas de 22 a 25 minutos en máximo. Revolver a mitad del tiempo. Dejar reposar durante 5 minutos. Procesar las batatas cocidas junto con la yema, sal y pimienta. Reservar el puré obtenido.

▼ Picar la cebolla y colocarla en un recipiente amplio junto con el aceite. Tapar y cocinar durante 2 minutos en máximo. Agregar la carne picada y el tomate pelado y picado. Volver a tapar y cocinar otros 5 minutos en máximo, revolviendo a mitad de la cocción. Incorporar el perejil, las aceitunas y el huevo crudo. Salpimentar y unir bien.

▼ Enmantecar una fuente térmica. Colocar en el fondo la mitad del puré de batatas y encima la preparación de carne. Distribuir los huevos duros cortados en rodajitas y cubrir con el resto del puré. Espolvorear con queso rallado y esparcir trocitos de manteca. Gratinar en horno fuerte.

– *Congelar en recipiente rígido. Dura 3 meses.*
– *Descongelar en microondas al 80% de 7 a 9 minutos por porción.*

# Gulasch diferente

## INGREDIENTES

500 g de carne de cerdo

sal y pimienta

harina

aceite

3 cucharadas de cebolla
deshidratada

1 lata de puré de tomates

1/2 sobre de polvo para sopa
crema de champiñones

1 vaso de vino blanco

páprika

arroz, para acompañar
(opcional)

▼ Cortar la carne de cerdo en cubos. Salpimentarla, pasarla por harina y eliminar el excedente.

▼ Dorar la carne en una cacerola, con un fondo de aceite caliente. Incorporar la cebolla deshidratada, el puré de tomates y el polvo para sopa diluido en el vino. Sazonar con sal, pimienta y páprika. Cocinar durante 10 minutos.

▼ Servir bien caliente, solo o con arroz blanco.

 *– Congelar en recipiente rígido. Dura 3 meses.*
*– Descongelar en microondas al 80% de 18 a 20 minutos o hasta calentar.*

# Peceto a la cacerola

## INGREDIENTES

1,200 kilo de peceto

sal y pimienta

50 cc de aceite

1 cebolla

1 pimiento verde

1 pimiento rojo

2 rodajas de limón

1 hoja de laurel

orégano

ají molido

500 cc de vino blanco

1/2 taza de agua

puré de papas, para acompañar

▼ Limpiar el peceto, retirando cualquier resto de grasa que pudiera tener adherido. Salpimentarlo y dorarlo de ambos lados en una cacerola con el aceite. Agregar la cebolla cortada en aros, los pimientos en tiras y las rodajas de limón. Condimentar con laurel, orégano y ají molido. Verter el vino y el agua. Cocinar a fuego suave hasta que la carne esté a punto y la salsa espesa. Si se desea, se pueden procesar los vegetales con el jugo para lograr una textura homogénea.

▼ Presentar el peceto cortado en rodajas, bañado con la salsa y acompañado con puré de papas

– *Congelar en recipiente rígido. Dura 4 meses.*
– *Descongelar en microondas al 80% de 20 a 30 minutos.*

# Pescado al horno Vuelta y Vuelta

M C

## INGREDIENTES

| |
|---|
| 500 g de papas |
| sal y pimienta |
| 2 cucharadas de ajo y perejil picados |
| 750 g de filetes de merluza o abadejo |
| 1 cebolla |
| 3 tomates |
| 50 g de queso rallado |
| 2 cucharadas de albahaca picada |

▼ Lavar las papas con cáscara. Secarlas y pincharlas alrededor. Acomodarlas en el piso del microondas y cocinarlas de 8 a 10 minutos en máximo. Dar vuelta a mitad de la cocción. Dejar enfriar, pelar y cortar en rodajas de 1 cm de espesor.

▼ Enmantecar una fuente térmica rectangular y acomodar en ella las papas, en forma escalonada. Salpimentar, espolvorear con ajo y perejil y ubicar arriba los filetes. Distribuir encima la cebolla cortada en juliana y los tomates en rodajas. Salpimentar y esparcir el queso rallado y la albahaca recién picada.

▼ Llevar al horno caliente durante 20 minutos. Retirar y servir

*— Se puede tener en el freezer los filetes de pescado crudos, guardados en bolsa con separadores. Duran 6 meses.*
*— Descongelar en microondas al 30% de 15 u 20 minutos, ó en la heladera durante 4 horas.*

# Pollo a la vizcaína

F C

## INGREDIENTES

| |
|---|
| 1 pollo trozado |
| aceite |
| sal y pimienta |
| 10 cebollas pequeñas |
| 2 pimientos verdes |
| 100 g de jamón crudo en un trozo |
| 1 taza de vino blanco |
| 1 tomate |
| 2 dientes de ajo |

▼ Dorar los trozos de pollo en una cacerola con un fondo de aceite. Salpimentar y agregar las cebollitas peladas y enteras, el jamón cortado en tiritas de 4 centímetros de largo y los pimientos en tiras anchas. Incorporar el vino blanco, el tomate cortado en cubitos y los ajos picados. Reforzar la sazón. Cocinar a fuego suave hasta que el pollo esté cocido y los vegetales a punto.

*En lugar de trozos de un pollo se pueden usar presas a elección (patas, muslos, alitas).*

*– Congelar en recipiente rígido. Dura 6 meses.*
*– Descongelar en microondas al 80% durante 30 minutos.*

# Pollo con guarnición ¡ya!

F C

## INGREDIENTES

1 kilo de manzanas verdes

50 g de manteca

200 cc de vino blanco

jugo de 1 limón

1 pollo trozado

2 cucharadas de azúcar negra

sal y pimienta

▼ Pelar las manzanas y cortarlas en gajos finos. Enmantecar generosamente una fuente para horno y mesa. Acomodar en ella las manzanas. Rociar con el vino y la mitad del jugo de limón. Espolvorear con el azúcar negra.

▼ Colocar arriba los trozos de pollo. Salpimentarlos, rociarlos con el resto del jugo de limón y untar la superficie con manteca.

▼ Cocinar en el horno, primero a temperatura alta durante 20 minutos y luego a temperatura suave 30 minutos más.

▼ Servir cada trozo de pollo con una porción de manzanas acarameladas.

> *Para ablandar rápidamente la manteca, coloque 50 gramos en un recipiente pequeño y caliéntela en microondas al 10 ó 20% durante 20 segundos.*

*– Congelar en recipiente rígido. Dura 6 meses.*
*– Descongelar en microondas al 80% de 20 a 25 minutos.*

# Relleno de carne para empanadas

F M C

## INGREDIENTES

| | |
|---|---|
| 500 g de cebollas comunes | 1 tomate |
| 250 g de cebollas de verdeo | sal y pimienta |
| 1 diente de ajo | pimentón, orégano |
| 1 pimiento rojo | y ají molido |
| 150 g de margarina | 100 g de aceitunas verdes |
| 750 g de carne picada (nalga) | descarozadas |
| 1 cucharada de harina | 2 huevos duros |

▼ Picar las dos clases de cebollas, el ajo y el pimiento. Colocar todo en un recipiente, junto con la margarina. Tapar y cocinar en microondas durante 15 minutos en máximo. Retirar. Agregar la carne, la harina y el tomate pelado y picado. Tapar y cocinar 16 minutos en máximo, revolviendo a mitad del tiempo. Retirar e incorporar los condimentos. Dejar enfriar.

▼ Para armar las empanadas, colocar sobre cada tapa de masa una cucharada de relleno, una aceituna y un trozo de huevo duro. Cerrar, pintar con huevo batido y cocinar en el horno caliente hasta dorar.

> Con esta misma preparación, mezclada con una lata de salsa fileto y bien caliente, se pueden rellenar panes tipo rosetas, a los que previamente se les quita una tapa y la miga. Cubrir apenas con las tapas, dar un golpe de horno y servir.

– Congelar el relleno en recipiente rígido, sin los huevos duros ni las aceitunas. Dura 6 meses.
– Descongelar en microondas al 30% de 8 a 10 minutos.

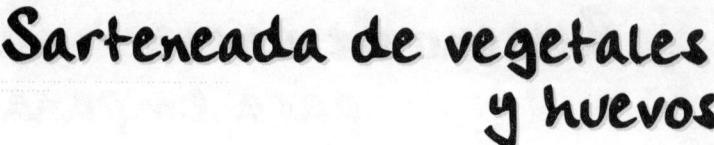
# Sarteneada de vegetales y huevos

## INGREDIENTES

| |
|---|
| 1 cucharada de manteca |
| 2 cucharadas de aceite |
| 1 diente de ajo |
| 1 pimiento rojo |
| 1 pimiento verde |
| 1 cebolla |
| 3 cucharadas de vino blanco |
| 100 g de jamón cocido |
| 4 huevos |
| sal y pimienta |

▼ Calentar la manteca y el aceite en una sartén amplia. Rehogar el ajo cortado en láminas, los pimientos en tiras y la cebolla en juliana. Verter el vino y dejar que se evapore el alcohol. Incorporar el jamón cortado en tiras.

▼ Hacer cuatro huequitos en la preparación y colocar allí los huevos. Salpimentar, tapar la sartén y cocinar de 5 a 7 minutos a fuego vivo.

> – El jugo de limón es útil para quitar las manchas y olores que suelen quedar en las manos después de limpiar verduras.
> – Si la sal está húmeda, colóquela en un plato y séquela en microondas durante 1 minuto en máximo.

# Supremas en escabeche

F  M

## INGREDIENTES

| | |
|---|---|
| 200 g de cebollas | 120 cc de aceite |
| 200 g de zanahorias | 100 cc de vino blanco |
| 3 dientes de ajo | 50 cc de vermut |
| 2 hojas de laurel | 50 cc de agua |
| 6 supremas de pollo | 1 tomate perita |
| sal y pimienta | pimienta en grano, orégano, ají |
| 100 cc de vinagre blanco | molido y pimentón dulce |

▼ Cortar las cebollas en aros, las zanahorias en bastones y los ajos en láminas. Colocar todo en un recipiente amplio y profundo, junto con el laurel. Tapar y cocinar en microondas durante 8 minutos en máximo. Revolver a mitad de la cocción.

▼ Salpimentar las supremas y acomodarlas sobre las verduras. Verter el vinagre, el aceite, el vino, el vermut y el agua. Agregar el tomate cortado en cubitos y los condimentos. Tapar nuevamente y cocinar durante 20 minutos en máximo. Revolver a mitad de la cocción. Retirar, dejar enfriar y llevar a la heladera.

 – *Congelar en recipiente rígido. Dura 6 meses.*
 – *Descongelar en microondas al 30% de 15 a 20 minutos, o en la heladera.*

# Terrina de arroz y pescado

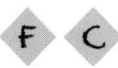

## INGREDIENTES

10 hojas de acelga blanqueadas

1 taza de arroz cocido

50 g de queso rallado

1 cebolla

1 huevo

sal y pimienta

300 g de filetes de merluza

jugo de 1/2 limón

salsa de tomate (pág. 64)

▼ Forrar con film un molde para budín inglés de 28 cm de largo. Tapizarlo con las hojas de acelga blanqueadas, dejando que sobresalgan los extremos.

▼ Mezclar el arroz cocido con el queso rallado y la cebolla, también rallada. Unir con el huevo, salpimentar y reservar.

▼ Salpimentar los filetes de merluza y rociarlos con el jugo de limón.

▼ Colocar en el fondo del molde un tercio de la mezcla de arroz. Ubicar encima la mitad de los filetes de merluza. Cubrir con otro tercio de arroz, disponer la otra mitad de los filetes y terminar con el resto del arroz. Cubrir con los extremos de las hojas de acelga.

▼ Tapar con papel de aluminio y cocinar en el horno durante 35 minutos. Servir con salsa de tomate.

– Congelar envuelta en film y bolsa. Dura 3 meses.
– Descongelar en microondas al 80% durante 20 minutos.

# LOS VIERNES
# A LA NOCHE,

cocina de aquí
y de allá

# Flan de berenjenas con salsa fragante

F M C

**INGREDIENTES**

| 1 kilo de berenjenas | SALSA |
|---|---|
| 4 huevos | 1/2 taza de hojas de albahaca |
| 250 g de ricota | 2 dientes de ajo |
| 4 cucharadas de queso rallado | 100 cc de crema de leche |
| 1 cucharada de jengibre fresco | 100 g de mayonesa |
| rallado | 50 g de nueces |
| sal, pimienta y nuez moscada | |

▼ Cortar las berenjenas por el medio a lo largo. Cocinarlas en microondas, dentro de un recipiente tapado, de 17 a 19 minutos en máximo.

▼ Extraer la pulpa de las berenjenas cocidas con ayuda de una cuchara. Procesarla junto con los huevos, la ricota, el queso rallado, el jengibre y los demás condimentos.

▼ Repartir la mezcla procesada en 8 moldes individuales enmantecados. Tapar con papel de aluminio. Hornear a temperatura moderada durante 50 minutos.

SALSA

▼ Licuar todos los ingredientes juntos, pasar a una cacerolita y calentar.

▼ Desmoldar los flanes y presentarlos bañados con la salsa.

*– Congelar los flanes envueltos en film y bolsa, sin la salsa. Duran 3 meses.*
*– Descongelar en microondas al 80% de 5 a 7 minutos por unidad.*

# Saltimboca a la romana

## INGREDIENTES

| | |
|---|---|
| 12 escalopes de nalga muy finos | sal y pimienta |
| 12 lonjas de jamón crudo | 1 taza de vino blanco seco |
| 12 hojas de salvia | 50 cc de crema de leche (opcional) |
| 30 g de manteca | queso parmesano |

▼ Extender los escalopes sobre una tabla. Colocar una lonja de jamón y una hoja de salvia sobre cada uno. Doblar por el medio (o enrollar sin ajustar) y sujetar con palillos.

▼ Calentar la manteca en una sartén. Dorar de ambos lados los escalopes preparados. Salpimentar y verter el vino. Si se desea, incorporar la crema de leche. Cocinar muy brevemente, pues los escalopes estarán listos en seguida debido a su escaso grosor.

▼ Servir en el momento, con láminas de queso parmesano.

> *Para sorprender con un menú mediterráneo a la italiana, ofrezca Flan de berenjenas con salsa fragante como entrada, Saltimboca a la romana o Supremas rellenas al pesto como plato central y Crema helada tiramisú como postre.*

*– Congelar en recipiente rígido, sin el queso. Dura 1 mes.*
*– Descongelar en microondas al 80% hasta calentar.*

# Supremas rellenas al pesto

## INGREDIENTES

4 supremas de pollo

sal y pimienta

100 g de pesto (pág. 66)

8 tomates secos

vino blanco

2 cucharadas de manteca

1 cucharada de aceite de oliva

SALSA

1 cebolla

aceite o manteca, para rehogar

1 lata de morrones

perejil

▼ Abrir las supremas como un libro y salpimentarlas. Distribuir sobre ellas el pesto. Colocar en cada una dos tomates secos previamente hidratados en vino blanco y escurridos. Cerrar con palillos.

▼ Calentar la manteca y el aceite en una sartén. Dorar rápidamente las supremas rellenas, de ambos lados. Pasarlas a una fuente térmica.

**SALSA**

▼ Picar la cebolla y rehogarla en un poco de aceite o manteca. Procesarla junto con los morrones escurridos. Salpimentar y volcar sobre las supremas. Hornear de 10 a 15 minutos.

▼ Espolvorear con perejil picado antes de servir.

> – *Congelar en recipiente rígido. Dura 2 meses.*
> – *Descongelar en microondas al 80% de 18 a 20 minutos.*

# Crema helada tiramisú

F

## INGREDIENTES

| |
|---|
| 5 yemas |
| 200 g de azúcar |
| 250 cc de crema de leche |
| 400 g de queso mascarpone |
| 2 sobres de gelatina sin sabor |
| 100 cc de agua |
| 250 g de vainillas |
| café y oporto, para humedecer |
| 1 lata de salsa de chocolate |

▼ Batir las yemas con el azúcar hasta alcanzar punto letra. Batir la crema de leche a medio punto e incorporarla. Batir el queso mascarpone para aligerar su consistencia y agregarlo.

▼ Hidratar la gelatina con el agua y disolverla en microondas, de 25 a 30 segundos en máximo. Añadirla a la mezcla anterior y unir hasta obtener una crema homogénea.

▼ Humedecer con agua y forrar con film un molde para budín inglés de 30 cm de largo. Colocar en el fondo un poco de crema y sobre ella vainillas pasadas por café fuerte caliente y oporto. Seguir disponiendo capas alternadas hasta terminar con crema. Alisar y tapar con film. Llevar a la heladera hasta que esté firme.

▼ Desmoldar y servir con salsa de chocolate.

– Congelar en el molde y luego envolver en film y bolsa. Dura de 6 a 8 meses.
– Descongelar en la heladera.

# Rabas al jerez

### INGREDIENTES

| |
|---|
| 1 bolsa de rabas congeladas |
| aceite, para freír |
| 1 cebolla |
| 1/2 pimiento rojo |
| 1 diente de ajo |
| 2 cucharadas de aceite de oliva |
| 50 cc de jerez |
| sal, pimienta y pimentón |
| 1 cucharada de perejil picado |

▼ Freír las rabas en abundante aceite caliente. Escurrirlas y reservarlas.
▼ Cortar en juliana la cebolla y el pimiento. Picar el ajo. Rehogar los tres ingredientes juntos en una sartén con el aceite de oliva. Verter el jerez e incorporar las rabas. Condimentar con sal, pimienta y pimentón. Espolvorear con el perejil picado y saborear en el momento.

> *Son una excelente entrada para un moderno menú a la española, que puede completarse con Cazuela catalana y Natillas.*

 *– Se pueden tener en el freezer las rabas, respetando la fecha de vencimiento que indique el envase.*
*– Freírlas sin descongelar.*

# Cazuela catalana

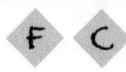

### INGREDIENTES

500 g de postas de abadejo

sal y pimienta

harina, para rebozar

3 cucharadas de aceite de oliva

1 cebolla

2 dientes de ajo

100 cc de vino blanco

1 lata de tomates

1 lata de mejillones

1 lata de almejas

1 lata de vieiras

pimentón

perejil

▼ Salpimentar el pescado, rebozarlo con harina y eliminar el excedente. Dorarlo en una sartén amplia con el aceite de oliva. Pasarlo a un plato y reservarlo.

▼ En la misma sartén, con el aceite que haya quedado, rehogar la cebolla y los ajos, todo picado. Agregar el vino y los tomates licuados. Incorporar los mejillones, las almejas y las vieiras, sin el líquido. Sazonar con sal, pimienta y pimentón. Incorporar el pescado y calentar todo junto. Espolvorear con perejil picado y servir de inmediato.

– *Congelar en recipiente rígido. Dura 1 mes.*
– *Descongelar en microondas al 80% hasta calentar*

# Natillas

### INGREDIENTES

1 litro de leche

3 yemas

5 cucharadas de azúcar

esencia de vainilla

5 cucharaditas de fécula
de maíz

200 cc de crema de leche

▼ Disolver la fécula de maíz en un poco de leche fría. Agregar el resto de la leche, el azúcar y las yemas apenas batidas. Perfumar con la esencia de vainilla. Llevar al fuego y revolver hasta que rompa el hervor. Retirar y unir con la crema de leche sin batir.

▼ Distribuir en copas o compoteras. Enfriar muy bien en la heladera. Adornar con trocitos de canela en rama o rociar con salsa caramelo antes de presentar.

---

*— No se puede congelar huevos con cáscara, pero sí yemas y claras por separado. Batirlas con sal o azúcar, según el uso que se les vaya a dar, y envasarlas en recipientes rígidos. Descongelarlas en la heladera antes de incorporarlas a la receta elegida.*

*— Gracias a los avances de la tecnología alimentaria, el riesgo de que se corten la leche o la crema prácticamente ya no existe. No obstante, si llega a suceder, no las tire: resultan aptas para hacer scones o tortas.*

---

# Sushi

F M

## INGREDIENTES

| |
|---|
| 600 cc de agua |
| 1 taza de arroz fortuna |
| 1 cucharadita de aceite |
| 1/2 cucharada de sal |
| 2 cucharadas de azúcar |
| 1 y 1/2 cucharada de vinagre |
| 1 y 1/2 cucharada de jugo de limón |
| té, para humedecer |
| 1 paquete de algas nori |
| 100 g de salmón rosado |
| 50 g de pepinitos en vinagre |

▼ Calentar el agua en microondas. Incorporar el arroz y el aceite. Cocinar durante 8 minutos en máximo y dejar reposar 8 minutos más.

▼ Disolver la sal y el azúcar con el vinagre y el jugo de limón. Incorporar la mezcla al arroz y reservar hasta que la absorba y se enfríe.

▼ Humedecer un lienzo con té. Extender sobre él una hoja de alga. Cubrir las 3/4 partes con arroz. Ubicar junto a un extremo salmón y pepinitos. Enrollar. Repetir la operación con las otras hojas de algas y refrigerar.

▼ Cortar rodajas de 2 a 3 cm de espesor y presentar.

*– Congelar las rodajas en bolsa con separadores. Duran 3 meses.*
*– Descongelar en la heladera.*

# Tempura

### INGREDIENTES

| | |
|---|---|
| 1 huevo | zanahorias |
| 500 cc de agua helada | cebollitas pequeñas |
| 150 g de harina común | champiñones |
| 100 g de harina leudante | langostinos |
| sal | supremas de pollo cocidas |
| tallos de apio | salsa de soja |

▼ Colocar en un bol el huevo y el agua helada. Unir bien. Añadir las dos harinas e integrarlas para obtener una pasta homogénea. Salar y reservar.

▼ Limpiar todos los ingredientes. Cortar el apio, las zanahorias y las supremas en bastones de 6 cm de largo.

▼ Rebozar los ingredientes con harina y descartar el exceso. Pasar cada trozo por la pasta y freír por tandas en abundante aceite caliente.

▼ Presentar en seguida, con salsa de soja.

> *Esta especialidad de origen japonés, famosa en todo el mundo, es perfecta para deleitar a los paladares exigentes que aprecian la delicadeza de su sabor y textura. Ahora que la cocina étnica está de moda, ¡no se pierda la oportunidad de presentar esta maravilla en su mesa!*

# Arrolladitos orientales

## INGREDIENTES

| | |
|---|---|
| 1 tallo de apio | aceite, para freír |
| 3 cebollas de verdeo | SALSA |
| 1 cucharada de manteca | 1/2 taza de mermelada |
| 150 g de camarones | de damasco |
| 2 cucharadas de queso crema | 1/2 taza de jerez |
| 1 cucharada de salsa de soja | 2 cucharadas de ketchup |
| sal y pimienta | 1 cucharada de vinagre |
| perejil | 3 cucharadas de azúcar |
| 1 paquete de masa | pimienta de molinillo |
| para pastelitos | |

▼ Picar el apio y las cebollas de verdeo. Rehogarlos en una sartén con la manteca. Retirar e incorporar los camarones. Unir con el queso crema y la salsa de soja. Salpimentar y añadir perejil picado.

▼ Estirar las tapas de masa; deben resultar bien finas sin perder su forma. Repartir sobre ellas la preparación anterior. Doblar hacia adentro los bordes de la masa, para cubrir parcialmente el relleno, y enrollar.

▼ Freír los arrolladitos en abundante aceite caliente.

### SALSA

▼ Utilizar mermelada sin trocitos de fruta. Colocarla en una cacerolita junto con todos los demás ingredientes. Mezclar y llevar al fuego. Cocinar suavemente durante pocos minutos, hasta lograr una consistencia similar a la de la miel.

▼ Llevar a la mesa en salsera, para acompañar los arrolladitos.

# Chop suey de pollo

### INGREDIENTES

| | |
|---|---|
| 1/2 taza de blanco de apio en juliana | 1/2 cucharadita de azúcar |
| 1/2 taza de zanahoria en juliana | 2 cucharadas de salsa de soja |
| 1/2 taza de pimiento rojo en juliana | 1/2 taza de jerez |
| 1/2 taza de chauchas en juliana | 1/2 taza de caldo |
| 1/2 taza de champiñones fileteados | 2 cucharadas de aceite neutro |
| 1 taza de brotes de soja | 2 tazas de supremas de pollo en tiritas |
| | sal y pimienta |
| | fideos de arroz (opcional) |

▼ Ubicar todos los vegetales dentro de un recipiente. Disolver el azúcar en un jarrito con la salsa de soja, el jerez y el caldo. Verter la mezcla sobre los vegetales y dejar macerar durante 30 minutos.

▼ Calentar el aceite en un *wok*. Agregar el pollo y dorarlo. Incorporar los vegetales con el líquido de la maceración. Salpimentar y saltear todo junto rápidamente.

▼ Servir solo o con fideos de arroz fritos.

 — *Se pueden tener en el freezer las supremas crudas cortadas en tiritas, congeladas por congelación abierta y luego guardadas en bolsa. Duran 8 meses.*
*— Descongelar en la heladera.*

# Nachos con guacamole

### INGREDIENTES

1 palta madura

1 cebolla

1 chile serrano

jugo de 1/2 limón

1 cucharada de cilantro

o perejil picado

sal

1 paquete de nachos

▼ Pelar la palta y quitarle el carozo. Licuar la pulpa junto con la cebolla. Incorporar el chile fresco o seco, picado muy finamente. Añadir el jugo de limón, el cilantro o perejil y sal a gusto. Mezclar y colocar en un recipiente hondo.

▼ Esta salsa fría sin cocción, llamada guacamole, se saborea mojando en ella los nachos, tortillitas de maíz delgadas y crujientes, que se consiguen, envasadas, en el supermercado.

> *La globalización gastronómica pone a nuestro alcance productos típicos de distintos países y nos invita a probar nuevos sabores y texturas. Con esta receta, los Tacos de pollo y la Mousse de tequila puede componer un menú mexicano que cosechará aplausos.*

> ❄ *Se puede tener en el freezer la palta pelada y trozada, guardada en recipiente o bolsa. Dura 6 meses. Se descongela en la heladera y sirve solamente para hacer puré.*

# Tacos de pollo

## INGREDIENTES

| SALSA | TACOS |
|---|---|
| 1/2 cebolla | 1 cebolla |
| 1 diente de ajo | 2 tomates |
| 1 cucharada de aceite neutro | 2 cucharadas de aceite neutro |
| 1 lata de tomate cubeteado | sal y pimienta |
| 2 chiles serranos | 2 supremas de pollo cocidas |
| tomillo | 1 cucharada de perejil |
| | 1 caja de tacos |
| | queso mantecoso |

### SALSA

▼ Picar la cebolla y el ajo. Dorarlos en el aceite. Agregar el tomate y los chiles frescos o secos, finamente picados. Salpimentar y perfumar con tomillo. Cocinar durante 5 minutos. Procesar y reservar.

### TACOS

▼ Cortar la cebolla y los tomates en cubitos. Saltear ambos ingredientes en una sartén con el aceite. Salpimentar e incorporar las supremas cortadas en tiritas. Añadir el perejil picado, mezclar y retirar.

▼ Rellenar los tacos con la preparación anterior justo antes de servir, para que la humedad del relleno no malogre su textura crocante. Colocar arriba tiritas de queso mantecoso, que se derretirá con el calor.

▼ Calentar la salsa y servirla en un cuenco, para acompañar.

> *Un hallazgo practiquísimo, para regocijo de comensales que no le temen a la presencia picante de los chiles.*

# Mousse de tequila

**INGREDIENTES**

| |
|---|
| 5 yemas |
| 6 cucharadas de azúcar |
| jugo de 1 limón |
| 1 taza de tequila |
| 6 cucharadas de crema de leche |
| 3 claras |
| frutillas y hojas de menta, para decorar |

▼ Colocar en un bol las yemas, el azúcar, el jugo de limón y el tequila. Llevar sobre baño de María y batir hasta alcanzar un punto aireado y espeso, como un sabayón. Retirar del baño y seguir batiendo hasta entibiar.

▼ Incorporar la crema de leche batida a medio punto y las claras a nieve, bien firmes. Unir suavemente con espátula de goma, realizando movimientos envolventes para que no se baje el batido.

▼ Repartir la *mousse* en copas. Decorar cada una con una frutilla y una hoja de menta. Reservar en la heladera hasta el momento de llevar a la mesa.

> – Para que las claras monten sin problemas al batirlas, el recipiente y el batidor deben estar perfectamente limpios y libres de cualquier vestigio de materia grasa. Es importante lavarlos y secarlos bien si se usaron antes para batir yemas.
> – El tequila es una bebida de alta graduación alcohólica que se obtiene de una planta llamada maguey.

# PROPUESTAS
# RÁPIDAS
*para recibir amigos*

# Bagna cauda

## INGREDIENTES

10 filetes de anchoas

5 dientes de ajo

200 g de manteca

1/2 taza de crema de leche

pimienta

apio

cardo

pollo cocido

camarones

pan

▼ Picar finamente las anchoas y los ajos. Poner ambos ingredientes en una olla de barro, junto con la manteca y la crema de leche. Agregar pimienta molida en el momento. Llevar al fuego y revolver en forma de ocho para obtener una salsa untuosa.

▼ Colocar la olla en la mesa, sobre un calentador. Disponer recipientes con trozos de apio y cardo, bocados de pollo, camarones y dados de pan. Cada comensal pinchará en un tenedor largo el ingrediente que prefiera y lo sumergirá en la salsa antes de saborearlo.

> – La salsa también queda deliciosa con pastas.
> – Masticar una ramita de perejil fresco es un buen recurso para librarse del olor a ajo que queda en la boca después de saborear un plato como éste.

# Barritas primaverales

## INGREDIENTES

| | |
|---|---|
| 1 pionono | 150 g de queso de máquina |
| mayonesa | 3 tomates |
| salsa golf | 1 planta chica de lechuga |
| 150 g de jamón cocido | sal |

▼ Extender el pionono y cortarlo por la mitad, para obtener dos planchas.

▼ Untar una de ellas con mayonesa y salsa golf. Colocar las tajadas de jamón cocido y queso de máquina. Untar nuevamente con mayonesa y salsa golf. Disponer encima los tomates cortados en rodajas y las hojas de lechuga sin las nervaduras gruesas. Salar.

▼ Untar con mayonesa y salsa golf la otra plancha de pionono. Cubrir la lechuga con ella, invirtiéndola para que la cara untada quede hacia abajo. Presionar en forma pareja. Llevar a la heladera, dentro de una bolsa para freezer abierta.

▼ Cortar tiras de 3,5 cm de ancho. Dividirlas en barritas de 7 cm de largo. Servir sin cubiertos.

> *Variar el relleno de acuerdo con el gusto personal y los ingredientes disponibles.*

> – *Se puede tener en el freezer el pionono solo, arrollado si es comprado o extendido si es casero, envuelto en papel de aluminio doble o en papel de aluminio y bolsa. Dura 3 meses.*
> – *Descongelar a temperatura ambiente, envuelto para que no se seque.*

# Bocaditos de pescado

## INGREDIENTES

250 g de filetes de merluza

o abadejo

sal y pimienta

jugo de 1/2 limón

harina

1 huevo

1 cucharada de ralladura

de limón

miga de pan negro

aceite, para freír

▼ Cortar los filetes de pescado en trozos de 3 ó 4 cm. Salpimentarlos y rociarlos con el jugo de limón. Pasarlos por la harina y quitar el excedente.

▼ Batir el huevo con la ralladura de limón. Pasar los trozos de pescado por el batido y luego por la miga de pan procesada.

▼ Freírlos en abundante aceite caliente. Escurrirlos sobre papel absorbente.

▼ Presentarlos con dos salsas:

1. Combinar 1 taza de mayonesa con 1 cucharadita de curry, 2 cucharadas de jugo de limón, sal y pimienta.

2. Mezclar 200 gramos de queso crema con 1 cucharada de *ciboulette* picada, 1 cucharada de salsa golf, sal y pimienta.

> *Se obtiene más jugo de los limones si se los calienta antes de exprimirlos.*

# Bocaditos de pollo

## INGREDIENTES

| |
|---|
| 200 g de harina |
| 2 huevos |
| cerveza |
| sal y pimienta |
| jugo de 1/2 limón |
| 1 cucharadita de *ciboulette* picada |
| 2 supremas de pollo |
| aceite, para freír |
| tomatitos *cherry* |

▼ Cortar las supremas en cubos de 3 cm. Rociarlas con el jugo de limón, salpimentarlas y reservarlas.

▼ Colocar en un bol la harina y los huevos. Sazonar con sal y pimienta. Perfumar con la *ciboulette* picada. Mezclar mientras se agrega lentamente la cantidad de cerveza necesaria para obtener una pasta no muy espesa.

▼ Incorporar a la pasta los cubos de pollo y dejar reposar durante 20 minutos.

▼ Freírlos por tandas en abundante aceite caliente. Escurrirlos sobre papel absorbente.

▼ Insertar en palillos o pinchos para copetín un bocado de pollo y un tomatito *cherry*.

*– Se pueden tener en el freezer las supremas ya cortadas en cubos, congeladas por congelación abierta y luego guardadas en bolsa. Duran de 8 a 10 meses.*
*– Descongelar en microondas al 30% durante 6 minutos.*

# Panes rellenos Clarita

## INGREDIENTES

| |
|---|
| 5 panes tipo flauta |
| rocío vegetal |
| 1 lata de salsa portuguesa |
| sal y pimienta |
| 50 g de jamón cocido |
| 10 huevos de codorniz |
| arvejas, para acompañar |
| manteca, para saltear |

▼ Cortar los panes, descartando los extremos, para obtener 10 cilindros parejos de 5 a 6 cm de altura. Sostenerlos en posición vertical y extraer un poco de miga para formar huecos de 2 cm de profundidad.

▼ Lubricar los cilindros de pan por dentro y por fuera con rocío vegetal. Apoyarlos sobre una placa enmantecada. Distribuir en los huecos la salsa portuguesa salpimentada y el jamón picado. Terminar colocando un huevo de codorniz en cada uno.

▼ Llevar al horno durante 15 minutos. Acompañar con arvejas salteadas en manteca, sazonadas con sal y pimienta a gusto.

> ❄ – Se pueden tener en el freezer los panes solos, envueltos en film y bolsa. Duran de 1 a 3 meses.
> – Descongelar a temperatura ambiente, envueltos para que no se sequen. Si no se usan en esta receta, conviene calentarlos en el horno, humedeciendo previamente la superficie con agua.

# Caramelos de atún

### INGREDIENTES

1 lata de atún al natural

2 cucharadas de alcaparras

50 g de aceitunas negras

1 diente de ajo

sal y pimienta

1 paquete de masa

para pastelitos

huevo, para pintar

semillas de amapola

▼ Escurrir y desmenuzar el atún. Combinarlo con las alcaparras, las aceitunas descarozadas y picadas, el ajo finamente picado, sal y pimienta.

▼ Colocar sobre cada cuadrado de masa una pequeña cantidad de la mezcla de atún. Humedecer los bordes y doblar la masa sobre el relleno. Retorcer los extremos para cerrar como caramelos.

▼ Acomodarlos sobre una placa enmantecada. Pintar con huevo batido y espolvorear con semillas de amapola.

▼ Cocinar en el horno moderado durante 15 minutos.

> *Cuando use la bandeja doradora de su microondas, no se olvide de precalentarla de 7 a 9 minutos en máximo.*

> *– Congelar en bolsa con separadores. Duran 3 meses.*
> *– Descongelar a temperatura ambiente.*

# Medallones de caballa y tomate

## INGREDIENTES

8 rebanadas de pan lácteo
o integral

4 cucharadas de queso blanco

1 cucharada de perejil picado

sal y pimienta

16 rodajas de tomate

1 lata de caballa

8 rodajas de huevo duro

▼ Recortar las rebanadas de pan con un cortapastas redondo, para obtener discos sin corteza. Reservarlos.

▼ Unir el queso blanco con el perejil, sal y pimienta.

▼ Untar los discos de pan con la mezcla de queso y perejil. Colocar una rodaja de tomate sobre cada uno. Distribuir arriba la caballa escurrida y desmenuzada. Disponer las otras rodajas de tomate. Coronar con las rodajas de huevo duro. Adornar con hojitas de perejil.

▼ Acompañar con ensalada de hojas verdes.

> ¿Sabía que en microondas se pueden hacer panchos de un modo superpráctico y en tiempo récord? Coloque las salchichas dentro de los panes, envuelva individualmente en papel absorbente y caliente en máximo durante 30 segundos por unidad. Una salchicha sola, sin pan, estará lista en 20 segundos.

# Conos rellenos originales

**INGREDIENTES**

| | |
|---|---|
| 1 paquete de masa para empanadas | 1 cucharada de aceitunas negras picadas |
| 1 lata de jardinera | 1 cucharada de aceitunas verdes picadas |
| sal y pimienta | 2 huevos duros |
| 4 cucharadas de mayonesa | lechuga crespa, para decorar |
| 1 cucharada de salsa golf | |
| 1 cucharada de jugo de limón | |

▼ Separar los discos de masa. Doblarlos para formar conos. Colocar en el interior papel de aluminio aceitado.

▼ Disponer los conos sobre una placa enmantecada, con la unión de la masa hacia abajo. Llevar al horno caliente de 10 a 12 minutos. Retirar, dejar enfriar y quitar el papel.

▼ Escurrir muy bien la jardinera. Salpimentar y unir con la mayonesa, la salsa golf, el jugo de limón y las aceitunas.

▼ Poco antes de servir, rellenar los conos con la preparación de jardinera. Colocar una rodaja de huevo duro en la abertura de cada uno. Presentar en una fuente, sobre un colchón de lechuga crespa.

> *Cuando descongele en microondas cortes de carne o pollos enteros, no se olvide de darlos vuelta a mitad del tiempo.*

# Crostini estupendos

## INGREDIENTES PARA LA VERSIÓN A LA GENOVESA

2 *baguettes*

pesto (pág. 68)

250 g de *mozzarella*

50 g de filetes de anchoas

50 g de aceitunas verdes
rellenas

▼ Cortar las *baguettes* en rodajas oblicuas. Untarlas con pesto.

▼ Colocar sobre cada rodaja de pan una tajada de *mozzarella* y un filete de anchoa.

▼ Cortar las aceitunas por la mitad y ubicarlas a ambos lados de las anchoas.

▼ Acomodar los *crostini* en una placa enmantecada. Llevar al horno caliente hasta que la *mozzarella* se derrita y el pan resulte crocante.

▼ Saborear en el momento.

## INGREDIENTES PARA LA VERSIÓN A LA MALLORQUINA

2 *baguettes*

12 sardinas en aceite

2 tomates

1 diente de ajo

aceitunas negras

2 huevos duros

sal y pimienta

▼ Cortar las *baguettes* en rodajas oblicuas. Acomodarlas en una placa y tostarlas en el horno. Frotarlas con el ajo partido y salpimentarlas.

▼ Apoyar sobre cada rodaja de pan una de tomate, dos de huevo duro y una de aceituna descarozada. Completar con las sardinas escurridas y cortadas por la mitad.

▼ Servir de inmediato.

## INGREDIENTES PARA LA VERSIÓN COSTA AZUL

2 *baguettes*

25 g de atún al natural

25 g de filetes de anchoas

1 cucharada de alcaparras

1 cucharada de coñac

2 cucharadas de aceite de oliva

tomatitos *cherry*

aceitunas

▼ Cortar las *baguettes* en rodajas oblicuas. Acomodarlas en una placa y tostarlas en el horno.

▼ Mientras tanto, escurrir el atún y ponerlo en el bol de la procesadora junto con las anchoas, las alcaparras, el coñac y el aceite de oliva. Procesar hasta homogeneizar.

▼ Untar las tostadas con la pasta obtenida. Decorar con tomatitos *cherry* cortados por el medio y rueditas de aceitunas descarozadas.

▼ Presentar en seguida.

 – *Se puede tener en el freezer el pan, envuelto en papel de aluminio o bolsa. Dura de 1 a 3 meses.*
*– Descongelar a temperatura ambiente.*

# Besos de levadura

## INGREDIENTES

filetes de anchoas

tomates

aceitunas verdes

1 bollo de masa para pizza

aceite, para freír

▼ Picar las anchoas. Cortar los tomates en cubitos. Descarozar y picar las aceitunas.

▼ Tomar porciones de masa del tamaño de una nuez. Abrirlas con los dedos. Colocar en el centro pequeñas porciones de anchoas, tomates y aceitunas (estos ingredientes se pueden usar mezclados o por separado). Cerrar la masa y formar esferas.

▼ Freír en abundante aceite caliente durante pocos minutos, hasta dorar. Escurrir sobre papel absorbente y servir.

> *La levadura se puede conservar en el freezer durante 3 meses. Como su potencia disminuye por efecto de la baja temperatura, al usarla conviene aumentar la cantidad que indica la receta.*

> *– Se puede tener en el freezer el bollo de masa, guardado en bolsa aceitada. Dura 3 meses.*
> *– Descongelar a temperatura ambiente, con la bolsa abierta y tapada con un lienzo. Dejar leudar antes de utilizar.*

# Focaccia

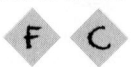

## INGREDIENTES

4 cucharadas de aceite de oliva

1 bollo de masa para pizza

3 dientes de ajo

1 cebolla

2 cucharadas de orégano

3 cucharadas de queso
parmesano rallado

2 cucharadas de romero fresco

sal y pimienta

▼ Untar con 1 cucharada de aceite de oliva una asadera rectangular de 30 por 40 cm. Colocar dentro la masa leudada. Extenderla con las manos hasta cubrir todo el fondo. Hundirla con un dedo en varios puntos.

▼ Picar finamente los ajos y la cebolla. Mezclar ambos ingredientes con el orégano, el queso rallado y el resto del aceite de oliva. Salpimentar y volcar sobre la masa.

▼ Colocar hojitas de romero en los hoyos que se habían hecho con el dedo. Dejar leudar.

▼ Cocinar en el horno fuerte de 25 a 30 minutos. Servir tibia.

> *Tanto el orégano como el romero se pueden reemplazar por albahaca o salvia.*

> – *Congelar en porciones o entera, envuelta en film y bolsa. Dura 3 meses.*
> – *Descongelar a temperatura ambiente, o dar un golpe de horno para entibiar.*

# Empanadas de pizza

### INGREDIENTES

250 g de tomates perita

250 g de *mozzarella*

100 g de aceitunas verdes

100 g de filetes de anchoas

1 bollo de masa para pizza

sal y pimienta

orégano

ají molido

aceite, para freír

▼ Picar los tomates. Ponerlos dentro de un colador y dejarlos reposar durante 2 horas, para que se escurra el jugo que suelten. Cortar la *mozzarella* en cubitos. Descarozar y picar las aceitunas. Picar las anchoas.

▼ Dividir la masa en porciones. Estirarlas con palote sobre la mesada apenas enharinada, formando discos de 10 cm de diámetro y 1/2 cm de espesor.

▼ Colocar sobre cada disco pequeñas cantidades de tomates, *mozzarella*, aceitunas y anchoas. Espolvorear con harina. Sazonar con poca sal, algo de pimienta, orégano y ají molido a gusto. Cerrar las empanadas sin mojar los bordes con agua. Hacer un repulgo bien apretado.

▼ Freír en seguida en abundante aceite caliente, hasta dorar de ambos lados. Escurrir sobre papel absorbente y presentar.

---

❋ *Se puede tener en el freezer el bollo de masa.*

# Medialunas con cebolla y panceta

## INGREDIENTES

| |
|---|
| 2 cebollas |
| 1 cucharada de manteca |
| sal y pimienta |
| 100 g de panceta ahumada |
| 1 bollo de masa para pizza |
| aceite de oliva |
| sal gruesa |

▼ Picar las cebollas y rehogarlas en la manteca. Retirarlas, salpimentarlas y mezclarlas con la panceta finamente picada. Reservar.

▼ Estirar la masa con palote sobre la mesada enharinada, formando un rectángulo. Cortar tiras de 6 cm de ancho. Dividirlas en triángulos.

▼ Colocar junto a la base de cada triángulo 1 cucharada de la mezcla de cebolla y panceta. Enrollar hacia el vértice. Curvar las puntas para obtener las medialunas.

▼ Disponerlas sobre una placa aceitada. Pintar con aceite de oliva y espolvorear con sal gruesa.

▼ Cocinar en el horno caliente de 12 a 15 minutos.

> *Si le sobra masa, aprovéchela para hacer tortas fritas.*

 – *Congelar envueltas individualmente en film y papel de aluminio. Duran 3 meses.*
*– Descongelar en el horno durante pocos minutos.*

# Rollitos sabrosos

F  C

## INGREDIENTES

1 bollo de masa para pizza

150 g de salame de Milán

150 g de queso cuartirolo

1 cebolla

aceite, para rehogar

50 g de aceitunas verdes

sal y pimienta

orégano

3 cucharadas de queso rallado

▼ Estirar la masa dándole forma rectangular. Cubrir las tres cuartas con las rodajas de salame. Colocar arriba el queso cuartirolo cortado en tajadas. Esparcir la cebolla, previamente picada y rehogada en aceite, y las aceitunas descarozadas y picadas. Condimentar con sal, pimienta y orégano. Espolvorear con el queso rallado.

▼ Enrollar y cortar rodajas de 5 cm de ancho. Ubicarlas sobre una placa aceitada. Hornear de 25 a 30 minutos.

> *La cebolla y otros vegetales se pueden cocinar en microondas con su propio jugo, sin materia grasa, en lugar de rehogarlos sobre el fuego.*

*– Congelar envueltos en film y papel de aluminio. Duran 1 mes.*
*– Descongelar a temperatura ambiente.*

# Fondue mixta

**INGREDIENTES**

| |
|---|
| 1 diente de ajo |
| 200 cc de aceite de maíz |
| 300 g de carne de cerdo |
| 300 g de lomo vacuno |
| 300 g de carne de pollo |
| variedad de salsas |
| ensaladas (optativo) |

▼ Frotar la caquelón con el diente de ajo partido. Verter el aceite y calentarlo sobre el fuego.

▼ Llevar la caquelón a la mesa, sobre un calentador. Ubicar alrededor pequeñas fuentes con las carnes cortadas en cubos parejos. Cada comensal pinchará un trozo en un tenedor largo y lo sumergirá en el aceite. Una vez que lo haya cocido a su gusto lo colocará en su plato, donde se habrá servido alguna salsa. Cambiará el tenedor por otro y mojará el bocado en la salsa antes de saborearlo.

▼ Aunque se considera que la *fondue* funciona como plato único, se puede acompañar con ensaladas.

 – Se pueden tener en el freezer las carnes ya cortadas en cubos, envueltas en papel de aluminio o film y bolsa. El cerdo dura de 3 a 6 meses; el lomo vacuno, de 6 a 10 meses; el pollo, de 8 a 10 meses.
– Descongelar en microondas al 30%, el cerdo y el lomo vacuno de 4 a 5 minutos con 8 minutos de reposo posterior, y el pollo de 3 a 4 minutos con 7 minutos de reposo.

# Salsas frías para la fondue

### INGREDIENTES PARA LA SALSA DE ROQUEFORT

| | |
|---|---|
| 80 g de queso roquefort | 1 cucharada de perejil picado |
| 80 g de queso blanco | pimienta |

▼ Pisar el roquefort con el queso blanco. Añadir el perejil y sazonar con pimienta recién molida.

### INGREDIENTES PARA LA SALSA DE ACEITUNAS

| | |
|---|---|
| 150 g de queso blanco | 1 cucharada de extracto |
| 50 g de aceitunas negras | de tomates |
| sal y pimienta | |

▼ Procesar el queso blanco junto con las aceitunas descarozadas y el extracto de tomates. Salpimentar a gusto.

### INGREDIENTES PARA LA SALSA DE ATÚN

1 lata chica de atún al natural

150 g de queso blanco

1 cucharada de pepinitos

en vinagre picados

▼ Escurrir y desmenuzar el atún. Mezclarlo con el queso y los pepinitos.

> *Presentar las salsas en cazuelitas. Para que los comensales las identifiquen, decorar cada una con el ingrediente principal (un triángulo de roquefort, algunas aceitunas enteras, un poco de atún).*

# Salsas calientes para la fondue

### INGREDIENTES PARA LA SALSA AL CURRY

| | |
|---|---|
| 200 cc de crema de leche | 2 cucharadas de curry |
| 1/2 cubito de caldo de verduras | sal y pimienta de Cayena |

▼ Poner la crema en una cacerolita y llevar al fuego. Agregar el cubito de caldo y disolverlo. Retirar y sazonar con el curry, sal y pimienta de Cayena.

### INGREDIENTES PARA LA SALSA AGRIDULCE

| | |
|---|---|
| 1 taza de ketchup | 100 cc de caldo de verduras |
| 2 cucharadas de miel | 1/2 cucharadita de fécula |
| 1 cucharada de mostaza | de maíz |
| 1 cucharada de salsa inglesa | |

▼ Colocar todos los ingredientes juntos en una cacerolita. Llevar al fuego hasta que hierva y espese.

### INGREDIENTES PARA LA SALSA MEDITERRÁNEA

| | |
|---|---|
| 2 dientes de ajo | 1 lata de puré de tomates |
| 4 filetes de anchoas | sal y pimienta |

▼ Procesar los ajos junto con las anchoas y el puré de tomates. Calentar y salpimentar.

> *Colocar cada salsa en un cuenco. Adornar la primera con un montoncito de curry, la segunda con cerezas confitadas y la tercera con un diente de ajo sin pelar y un filete de anchoa enrollado.*

# Mejillones a la vinagreta

## INGREDIENTES

sal y pimienta

3 cucharadas de vinagre
de vino blanco

1/2 taza de aceite de oliva

1 cucharada de ralladura
de limón

1 diente de ajo

3 cucharadas de blanco
de puerro picado

1 cucharada de alcaparras

2 latas de mejillones al natural

▼ Colocar sal y pimienta a gusto en un tazón. Agregar el vinagre y revolver hasta que se disuelva la sal. Verter el aceite mientras se sigue revolviendo para emulsionar. Incorporar el ajo picado, la ralladura de limón, el puerro y las alcaparras, para lograr una vinagreta enriquecida.

▼ Escurrir los mejillones. Mezclarlos con la vinagreta. Presentarlos en recipientes para copetín.

> – Si se combinan los mejillones a la vinagreta con arroz cocido, frío, se obtiene una entrada distinta.
> – Los ajos se pelan con facilidad si antes se calientan en microondas de 15 a 30 segundos en máximo. Al presionar un extremo, la cáscara se desprende.

# Papas rellenas a la americana

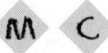

## INGREDIENTES

| | |
|---|---|
| 8 papas medianas y parejas | Opción 2 |
| Opción 1 | 1 cebolla |
| 1 paquete de espinaca | 1/2 pimiento rojo |
| congelada | 1 diente de ajo |
| 200 g de jamón cocido | 1 cucharada de aceite de oliva |
| 4 cucharadas de queso | 3 latas de mariscos a elección |
| rallado | (mejillones, pulpo, vieiras) |
| 2 tazas de salsa blanca espesa | 100 g de camarones |
| sal, pimienta | sal, pimienta, pimentón |
| y nuez moscada | y perejil |
| 100 cc de crema de leche | 1 lata de salsa fileto |
| 1 cucharada de hierbas frescas | 1 cucharada de cubitos |
| picadas | de pan tostados |

▼ Lavar y secar las papas con cáscara. Pincharlas alrededor con un tenedor. Ubicarlas sobre el piso del microondas y cocinarlas de 8 a 10 minutos en máximo por cada 1/2 kilo. Dar vuelta a mitad de la cocción. Dejar reposar durante 4 minutos. Ahuecar el centro, retirando algo de pulpa.

**Opción 1**

▼ Cocinar la espinaca, escurrirla y picarla. Mezclarla con el jamón picado, el queso rallado, la mitad de la salsa blanca y los condimentos. Rellenar 4 papas.
▼ Servirlas con la salsa blanca restante, aligerada con la crema de leche y perfumada con las hierbas.

**Opción 2**

▼ Picar la cebolla, el pimiento y el ajo. Rehogarlos en el aceite. Incorporar los mariscos escurridos y los camarones. Condimentar con sal, pimienta, pimentón y perejil picado. Rellenar 4 papas.
▼ Servirlas con la salsa fileto caliente y los cubitos de pan.

# Picada de pimientos y algo más

## INGREDIENTES

| |
|---|
| 4 pimientos rojos |
| 10 filetes de anchoas |
| 2 dientes de ajo |
| 2 cucharadas de alcaparras |
| sal y pimienta |
| 1 cucharada de orégano |
| aceite de oliva |

▼ Lavar los pimientos. Apoyarlos sobre una placa limpia y asarlos en el horno caliente hasta que la piel se oscurezca. Retirarlos, envolverlos en papel húmedo y dejarlos enfriar. Desenvolverlos y pelarlos. Quitarles los cabitos y las semillas. Cortarlos en tiras y reservarlos.

▼ Picar finamente las anchoas y los ajos.

▼ Colocar en un recipiente hondo una capa de pimientos. Esparcir un poco de anchoas, ajos y alcaparras. Condimentar con sal, pimienta y orégano. Seguir colocando capas del mismo modo hasta terminar con los ingredientes. Cubrir con aceite de oliva, tapar con film y llevar a la heladera.

▼ Servir con tostadas o galletitas.

 *– Se pueden tener en el freezer los pimientos asados y limpios, guardados en recipiente rígido. Duran 12 meses.*
*– Descongelar en la heladera.*

# Porotos escabechados

### INGREDIENTES

| |
|---|
| 1 cebolla chica |
| 1 lata de porotos al natural |
| 1 cucharada de sal |
| pimienta |
| 1 cucharada de mostaza |
| 1 cucharada de perejil picado |
| 2 cucharadas de vinagre de vino blanco |
| 4 cucharadas de aceite |
| 1 huevo duro |

▼ Picar la cebolla y ablandarla sobre fuego suave en una ollita limpia, tapada, con el jugo que suelte. Dejarla enfriar.

▼ Añadir la cebolla a los porotos escurridos. Condimentar con la sal, pimienta de molinillo a gusto, la mostaza y el perejil. Verter el vinagre y el aceite. Mezclar muy bien.

▼ Presentar en una cazuelita, con el huevo duro picado en la superficie.

> *En microondas no se pueden cocinar huevos con cáscara, pero se pueden hacer huevos duros si se cascan en compoteras humedecidas con agua. Pinchar la yema varias veces, tapar con film y cocinar al 50% durante 1 minuto y 30 segundos por unidad. Si se van a usar en esta receta, dejar enfriar, retirar de la compotera y picar.*

# Ravioles fritos

## INGREDIENTES

| |
|---|
| 1 lata de morrones |
| 1 diente de ajo |
| 200 cc de crema de leche |
| sal y pimienta |
| orégano |
| perejil |
| 1 caja de ravioles de ricota |
| aceite, para freír |

▼ Escurrir los morrones. Licuarlos junto con el ajo y la crema de leche. Pasar a una cacerolita y calentar para obtener la salsa. Condimentarla con sal, pimienta, orégano y perejil picado. Mantenerla al calor.

▼ Separar los ravioles. Freírlos en aceite caliente hasta dorarlos apenas de ambos lados. Presentarlos con palillos o pinchos para copetín.

▼ Servir la salsa caliente en un cuenco, para que cada comensal moje los ravioles en ella antes de degustarlos.

> – Se pueden tener en el freezer los ravioles crudos, congelados por congelación abierta y luego guardados en bolsa. Duran 3 meses.
> – Freírlos (o hervirlos, si se usan para otra receta) sin descongelar.

# Trío de tarteletas

## INGREDIENTES

| | |
|---|---|
| 1 paquete grande de tarteletas | queso rallado |
| RELLENO 1 | 1/2 lata de choclo cremoso |
| 1 cebolla | sal, pimienta y nuez moscada |
| aceite | RELLENO 3 |
| sal y pimienta | 2 cebollas de verdeo |
| 1 chorizo colorado | aceite |
| 150 g de mozzarella | sal y pimienta |
| RELLENO 2 | 50 g de panceta ahumada |
| 1 lata chica de champiñones | 150 g de mozzarella |

▼ Disponer las tarteletas sobre una placa. Rellenarlas y gratinarlas en el horno.

RELLENO 1

▼ Picar la cebolla y rehogarla en aceite. Poner 1 cucharadita en el fondo de cada tarteleta y salpimentar. Colocar un poco de chorizo picado, sin piel. Cubrir con una tajada de mozzarella.

RELLENO 2

▼ Escurrir y picar los champiñones; repartirlos en el fondo de las tarteletas. Hacer una pasta con el choclo, el queso rallado que absorba y los condimentos. Repartirla sobre los champiñones.

RELLENO 3

▼ Picar y rehogar en aceite las cebollas de verdeo. Salpimentarlas y colocarlas en el fondo de las tarteletas. Esparcir encima la panceta picada. Terminar con una tajada de mozzarella.

> *Para todos los gustos, una solución casi instantánea que nos permite agasajar a los invitados y disfrutar junto con ellos.*

# PLATOS DISTINTOS

## *para fiestas*

# Arrollado de pollo rendidor

## INGREDIENTES

| | |
|---|---|
| 4 supremas de pollo | 2 huevos |
| sal y pimienta | 1 cucharada de ajo y perejil |
| 1 sobre de gelatina sin sabor | picados |
| 100 g de jamón cocido | queso rallado |
| 4 ó 5 hojas de acelga | 1 lata de morrones |
| blanqueadas | |

▼ Abrir las supremas por el medio, sin separar del todo las partes. Acomodarlas una junto a la otra sobre un trozo de papel de aluminio.

▼ Salpimentar las supremas y espolvorearlas con gelatina. Colocar encima las tajadas de jamón cocido. Espolvorear de nuevo con gelatina. Ubicar las hojas de acelga blanqueadas. Espolvorear una vez más con gelatina.

▼ Mezclar los huevos con el ajo y el perejil. Agregar la cantidad de queso rallado necesaria para formar una pasta. Extenderla en forma pareja sobre la acelga. Disponer arriba los morrones escurridos y cortados en tiras. Enrollar con ayuda del papel de aluminio, ajustando muy bien. Quitar el papel de aluminio, envolver el arrollado en varias vueltas de film y retorcer los extremos para cerrar como un caramelo.

▼ Hervir en agua con sal durante 50 minutos. Dejar enfriar en el agua. Escurrir y llevar a la heladera.

▼ Quitar el film. Cortar el arrollado de pollo en rodajas. Presentar en una fuente adornada con hojas verdes.

> ❄ – Congelar el arrollado entero envuelto en film y bolsa, o las rodajas en bolsa con separadores. Dura 6 meses.
> – Descongelar en la heladera.

# Carré de cerdo agridulce

## INGREDIENTES

| | |
|---|---|
| 1,200 kilo de carré de cerdo deshuesado | 200 cc de caldo de carne |
| 100 g de ciruelas secas sin carozo | 50 cc de vermut |
| | 50 cc de salsa de soja |
| 2 cucharadas de mermelada de ciruelas | 2 cucharadas de melaza de maíz |
| | 2 cucharadas de ketchup |
| 100 g de panceta ahumada | 2 cucharadas de mostaza |
| 2 cucharadas de nueces picadas | 4 cucharadas de azúcar negra |
| 2 cebollas | sal y pimienta |
| 2 cucharadas de aceite | 3 manzanas verdes |

▼ Desgrasar el carré, hacerle un corte en el centro a lo largo y salpimentarlo. Procesar las ciruelas junto con la mermelada y la panceta. Unir con las nueces picadas y rellenar el carré. Ubicarlo en una fuente. Colocar alrededor las cebollas cortadas en aros. Rociar con el aceite, el caldo, el vermut y la salsa de soja.

▼ Combinar la melaza con el ketchup y la mostaza. Untar el carré con parte de la mezcla. Espolvorear con la mitad del azúcar negra. Cocinar en microondas durante 9 minutos en máximo, sin tapar. Dar vuelta el carré, sin pincharlo. Salpimentar. Untar con el resto de la mezcla de melaza y espolvorear con la otra mitad del azúcar negra. Agregar a la fuente las manzanas cortadas en octavos, con cáscara. Completar la cocción otros 9 minutos en máximo. Dejar reposar 3 minutos.

▼ Presentar el carré en rodajas, con la salsa de la cocción, las cebollas y las manzanas.

- *Congelar las rodajas envueltas en papel de aluminio y bolsa. Duran 3 meses.*
- *Descongelar en microondas al 80% de 20 a 30 minutos por kilo.*
- *Congelar la salsa en recipiente rígido, con las cebollas, pero sin las manzanas. Dura 1 mes.*

# Carré de cerdo con cubierta de sésamo

## INGREDIENTES

1 carré de cerdo deshuesado

sal y pimienta

aceite

100 g de miga de pan

50 g de manteca

3 ó 4 dientes de ajo

4 cucharadas de perejil picado

50 g de semillas de sésamo

4 cucharadas de mostaza

150 cc de caldo de carne

▼ Desgrasar y salpimentar el carré. Dorarlo de todos lados en una sartén con aceite. Pasarlo a una asadera y reservarlo.

▼ Procesar la miga de pan. Combinarla con la manteca blanda, los ajos picados, el perejil y las semillas de sésamo.

▼ Untar con la mostaza la superficie del carré. Adherir la mezcla de sésamo. Verter el caldo en el fondo de la asadera.

▼ Cocinar en horno suave de 45 a 50 minutos, hasta que el carré esté a punto y la cubierta resulte crocante.

 – Congelar envuelto en film y bolsa. Dura 3 meses.
– Descongelar en microondas al 80% de 20 a 30 minutos.

# Costillitas de cordero con salsa de ajo

## INGREDIENTES

12 costillitas de cordero
con el hueso limpio

sal y pimienta

1/2 pocillo de aceite

12 dientes de ajo

1 cucharada de manteca

2 *échalotes*

2 vasos de vino blanco

1 taza de caldo de carne

1 cucharadita de fécula de maíz

200 g de queso de cabra

1 lata de espárragos al natural

▼ Salpimentar las costillitas de cordero. Sellarlas de ambos lados en una sartén amplia con el aceite caliente. Pasarlas a una asadera y colocar a un costado los espárragos escurridos. Mantener al calor en el horno.

▼ Cortar los ajos en láminas. Dorarlos en una sartén con la manteca. Agregar las *échalotes* picadas. Verter el vino, el caldo y la fécula disuelta en un poquito de agua. Incorporar el queso de cabra picado. Salpimentar y cocinar hasta que la salsa espese ligeramente.

▼ Ubicar las costillitas en una fuente. Bañarlas con la salsa. Intercalar los espárragos y servir.

– Congelar en recipiente rígido. Dura de 3 a 4 meses.
– Descongelar en microondas al 80% de 18 a 22 minutos
o hasta calentar.

# Langostinos con alioli a la crema

### INGREDIENTES

| |
|---|
| 1 huevo |
| 1 yema |
| 8 dientes de ajo |
| 1 cucharada de jugo de limón |
| 1 taza de aceite de oliva |
| 1/4 de taza de crema de leche |
| sal y pimienta |
| 12 langostinos grandes, limpios y con cabeza |

▼ Procesar el huevo junto con la yema, los ajos y el jugo de limón. Mantener la máquina en funcionamiento mientras se incorpora lentamente el aceite, para obtener un alioli (salsa de ajos de consistencia similar a la de la mayonesa). Agregar la crema de leche, salpimentar y procesar un momento más para integrar todo.

▼ Colocar los langostinos en una fuente térmica. Cubrir los cuerpos con la salsa. Gratinar en el horno caliente. Retirar, espolvorear con perejil picado y presentar.

> *Otra opción con langostinos consiste en rebozarlos con una pasta arenosa hecha con pan rallado, ajo y perejil picados, sal, pimienta, aceite de oliva y jugo de limón. Armar brochettes y cocinar de ambos lados a la plancha.*

 *— Se pueden tener en el freezer los langostinos (únicamente si se consiguen muy frescos) congelados por congelación abierta y luego guardados en bolsa. Duran 1 mes.*
*— Descongelar en la heladera.*

# Moldeado de pollo y aceitunas

## INGREDIENTES

100 g de aceitunas rellenas

2 supremas de pollo cocidas

1 sobre de polvo para salsa blanca

1 taza de leche

1 sobre de gelatina sin sabor

100 cc de vino blanco

3 cucharadas de mayonesa

sal, pimienta y nuez moscada

tomatitos *cherry*

huevos de codorniz

▼ Humedecer con agua un molde para budín inglés de 24 cm de largo. Forrarlo con film.

▼ Cortar las aceitunas en rodajas. Distribuirlas en forma irregular en el interior del molde, tratando de adherir algunas en las paredes. Reservar.

▼ Procesar las supremas junto con el polvo para salsa blanca disuelto en la leche, la gelatina hidratada en el vino y la mayonesa. Condimentar con sal, pimienta y nuez moscada. Volcar dentro del molde.

▼ Llevar a la heladera de 4 a 5 horas, hasta que tome consistencia.

▼ Desmoldar y rodear con tomatitos *cherry* y huevos de codorniz duros, cortados por el medio.

– *Congelar envuelto en film y bolsa. Dura 2 meses.*
– *Descongelar en la heladera.*

# Mousse de atún Josefina

## INGREDIENTES

1 lata grande de atún al
natural

1 cucharadita de mostaza

1 taza de mayonesa

jugo de 1/2 limón

250 cc de crema de leche

sal y pimienta

2 sobres de gelatina sin sabor

100 cc de agua

camarones, perejil y tomate,
para decorar

▼ Escurrir el atún. Licuarlo o procesarlo junto con la mostaza, la mayonesa y el jugo de limón.

▼ Agregar la crema de leche sin batir. Salpimentar a gusto. Hidratar la gelatina en el agua fría, disolverla en microondas de 20 a 30 segundos en máximo y añadirla. Unir bien.

▼ Humedecer con agua y forrar con film un molde de la forma que se prefiera. Volcar la preparación. Refrigerar durante 4 horas, hasta que la gelatina solidifique.

▼ Desmoldar y adornar con camarones, hojas de perejil y gajos de tomate.

---

*Si se tienen camarones en el freezer, descongelarlos en microondas al 30%, revolviendo cada tanto. Usarlos para decorar la* mousse *recién hecha o ya descongelada.*

---

*– Congelar envuelta en film y bolsa. Dura 2 meses.*
*– Descongelar en la heladera.*

# Paquetes salvadores

## INGREDIENTES

6 medallones de lomo de cerdo

sal y pimienta

6 cucharadas de azúcar negra

12 cucharadas de vino blanco

6 cucharaditas de mostaza
en polvo

6 ciruelas secas sin carozo

6 cucharaditas de manteca

▼ Cortar 6 cuadrados de papel de aluminio de 25 cm de lado. Colocar un medallón de lomo de cerdo sobre cada uno. Salpimentar y cubrir con 1 cucharada de azúcar negra y 1 cucharada de mostaza. Rociar con 2 cucharadas de vino blanco. Colocar arriba 1 ciruela seca y 1 cucharadita de manteca. Cerrar los paquetes.

▼ Hornear a temperatura moderada de 30 a 40 minutos. Abrir el papel a mitad de cocción, para dorar.

▼ Presentar en cada plato un paquete abierto, o servir sin el papel si se trata de una comida formal.

> *En este caso no hace falta hidratar las ciruelas secas, pero en recetas que lo requieran aconsejo cubrirlas con agua caliente y llevar a microondas durante 30 segundos en máximo.*

*– Congelar los paquetes cerrados. Duran 1 mes.*
*– Descongelar en la heladera y calentar en el horno.*

# Peceto al café

F    C

## INGREDIENTES

| |
|---|
| 1 kilo de peceto limpio |
| sal y pimienta |
| aceite |
| 1 cebolla |
| 1 cucharadita de café instantáneo |
| 200 cc de agua |
| 1 cucharada de harina |
| 2 latas de zanahorias en rodajas |
| 40 g de manteca |
| 1 cucharada de azúcar |
| 50 g de pasas de uva |

▼ Salpimentar el peceto. Dorarlo de todos lados en una cacerola con un poco de aceite. Añadir la cebolla picada y rehogarla. Verter el café disuelto en el agua caliente. Cocinar a fuego suave durante 1 hora. Dar vuelta a mitad de cocción.

▼ Retirar el peceto, cortarlo en rodajas y mantenerlo al calor.

▼ Agregar la harina a la salsa de la cacerola, revolver y cocinar hasta que espese.

▼ Escurrir las zanahorias. Colocarlas en una sartén con la manteca, el azúcar y las pasas. Calentar brevemente.

▼ Disponer las rodajas de peceto en el centro de una fuente, bañarlas con la salsa y ubicar a los costados la guarnición de zanahorias.

> – Congelar en recipiente rígido. Dura 8 meses.
> – Descongelar en microondas al 80% de 20 a 30 minutos.

# Pierna de cordero a las hierbas

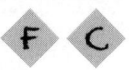

## INGREDIENTES

1 pierna de cordero de 1,500
kilo, deshuesada y desgrasada

sal y pimienta

100 g de manteca blanda

3 cucharadas de hierbas frescas
picadas (perejil, romero,
orégano, albahaca)

3 dientes de ajo

1/2 cucharada de ají molido

1 cucharada de ketchup

3 cebollas blancas

3 cebollas rojas

1 vaso de coñac

▼ Atar la pierna de cordero para que conserve su forma. Salpimentarla.

▼ Unir la manteca blanda con las hierbas, los ajos picados, el ají molido y el ketchup. Untar la pierna de cordero con la mezcla.

▼ Colocarla en una asadera, junto con las dos clases de cebollas cortadas en cuartos. Rociar con el coñac.

▼ Llevar al horno fuerte durante 20 minutos. Tapar con papel de aluminio y continuar la cocción 1 hora más.

▼ Retirar, quitar los hilos de la pierna de cordero y cortarla en rebanadas. Acompañar con las cebollas.

 – Congelar las rebanadas de cordero y las cebollas envueltas en papel de aluminio y bolsa. Duran 3 meses.
– Descongelar en microondas al 80% durante 20 minutos.

# Savarin de palmitos con langostinos

### INGREDIENTES

1 lata grande de palmitos

1 taza de mayonesa

1 cucharada de salsa golf

250 g de queso crema

jugo de 1/2 limón

sal y pimienta

2 sobres de gelatina sin sabor

langostinos enteros

tomates, para decorar

▼ Escurrir los palmitos (guardar 100 cc de líquido) y procesarlos. Añadir la mayonesa, la salsa golf, el queso crema y el jugo de limón. Salpimentar a gusto. Hidratar la gelatina en el líquido de los palmitos, disolverla en microondas de 25 a 30 segundos en máximo y agregarla. Unir bien.

▼ Humedecer con agua un molde savarin alto, de 22 cm de diámetro. Forrarlo con film. Colocar la preparación y tapar con film. Refrigerar de 4 a 5 horas, hasta que la gelatina solidifique.

▼ Desmoldar y colocar langostinos en la parte superior del savarin, con la cola en el hueco central. Rodear la base con medias rodajas de tomate.

– Congelar envuelto en film y papel de aluminio. Dura 3 meses.
– Descongelar en la heladera.

# Supremas a la naranja

### INGREDIENTES

4 supremas de pollo

sal y pimienta

2 cucharadas de manteca

1 cucharada de azúcar negra

2 cucharadas de mermelada
de naranja

1/2 cubito de caldo de gallina

500 cc de jugo de naranja

1 cucharada de salsa inglesa

1 cucharadita de fécula

200 cc de agua

2 naranjas

▼ Salpimentar las supremas. Dorarlas de ambos lados en una sartén con la manteca. Retirarlas y reservarlas.

▼ Colocar en la misma sartén el azúcar negra, la mermelada, el cubito de caldo desmenuzado, el jugo de naranja, la salsa inglesa y la fécula disuelta en el agua fría. Cocinar hasta que hierva y espese.

▼ Incorporar nuevamente las supremas, calentar todo junto y pasar a una fuente.

▼ Adornar con los gajos de las naranjas pelados a vivo (sin hollejo). Esparcir hebras de cáscara de naranja y presentar.

*– Congelar en recipiente rígido, sin los gajos de naranja. Dura
3 meses.*
*– Descongelar en microondas al 80% de 20 a 25 minutos.*

# Supremas al champaña

F C

**INGREDIENTES**

6 supremas de pollo

sal y pimienta

3 cucharadas de aceite

3 puerros

1 botella de champaña

1 vaso de vino blanco

1 dedal de azafrán

2 cucharadas de fécula de maíz

250 cc de crema de leche

1 lata chica de champiñones

papas *noisette*, para acompañar

▼ Salpimentar las supremas. Dorarlas de ambos lados en una cacerola con el aceite caliente. Retirarlas y reservarlas.

▼ Dorar en la misma cacerola los puerros picados. Verter el champaña y el vino. Añadir el azafrán. Cocinar hasta que se evapore el alcohol.

▼ Colar la preparación, descartar los puerros y volver el líquido a la cacerola. Espesarlo con la fécula disuelta en un poco de agua fría. Incorporar la crema de leche y los champiñones. Salpimentar.

▼ Agregar las supremas reservadas y calentarlas en la salsa.

▼ Acompañar con papas *noisette* fritas en el momento.

– *Congelar en recipiente rígido, sin las papas. Dura 6 meses.*
– *Descongelar en microondas al 80% de 25 a 30 minutos.*

# Supremas al curry con peras

## INGREDIENTES

| |
|---|
| 4 supremas de pollo |
| sal y pimienta |
| 2 cucharadas de manteca |
| 1 cebolla |
| 2 dientes de ajo |
| 1 y 1/2 taza de caldo |
| 1 cucharada de curry |
| jengibre en polvo |
| 1 cucharada de ralladura de limón |
| 2 cucharadas de coco rallado |
| 2 peras |

▼ Salpimentar las supremas. Dorarlas de ambos lados en una sartén amplia con la manteca. Retirarlas y reservarlas.

▼ En la misma sartén, con la manteca que haya quedado, dorar la cebolla y los ajos, todo picado. Verter el caldo. Agregar el curry, el jengibre, la ralladura de limón y el coco rallado. Cocinar durante 5 minutos.

▼ Añadir las peras cortadas en octavos. Incorporar nuevamente las supremas y seguir cocinando 10 minutos más. Retirar y servir.

– Congelar en recipiente rígido. Dura 6 meses.
– Descongelar en microondas al 80% de 15 a 20 minutos.

# Terrina de pollo y pimientos

F M C

## INGREDIENTES

3 pimientos rojos

3 supremas de pollo cocidas

1/2 copa de coñac

150 cc de crema de leche

sal y pimienta

2 sobres de gelatina sin sabor

100 cc de caldo de pollo

100 g de nueces

150 g de jamón crudo

ensalada de hojas,
para acompañar

▼ Asar los pimientos, pelarlos y cortarlos en tiras. Reservarlos.

▼ Procesar las supremas junto con el coñac. Añadir la crema de leche y salpimentar a gusto. Incorporar la gelatina hidratada en el caldo y disuelta en microondas de 25 a 30 segundos en máximo. Unir con las nueces picadas.

▼ Forrar un molde alargado con la mayor parte de las lonjas de jamón crudo. Colocar en el fondo la mitad de la preparación de pollo. Disponer los pimientos y terminar con la preparación. Cubrir con el jamón restante. Tapar con film. Llevar a la heladera de 4 a 5 horas como mínimo, hasta que tome consistencia firme.

▼ Desmoldar y servir con ensalada de hojas.

- Congelar envuelta en film y bolsa. Dura 1 mes.
- Descongelar en microondas al 30% de 15 a 20 minutos.

# Terrina de roquefort y dátiles

F M

## INGREDIENTES

| | |
|---|---|
| 1 pionono | 25 g de dátiles |
| 2 cucharadas de mayonesa | sal y pimienta |
| 1/4 de taza de blanco de apio picado | 50 cc de jerez |
| | 2 sobres de gelatina sin sabor |
| 150 g de roquefort | 100 cc de agua |
| 240 g de queso blanco | pimiento rojo y puerro, |
| 150 cc de crema de leche | para decorar |
| 2 cucharadas de nueces picadas | |

▼ Dividir el pionono por la mitad a lo largo para obtener dos rectángulos. Untar uno de ellos con la mitad de la mayonesa. Esparcir arriba el apio. Untar el otro rectángulo con mayonesa e invertirlo sobre el apio para formar un sándwich. Reservar.

▼ Pisar el roquefort. Mezclarlo con el queso blanco. Batir la crema de leche a medio punto y agregarla. Incorporar las nueces y los dátiles picados. Salpimentar y añadir el jerez. Hidratar la gelatina en el agua fría, disolverla en microondas de 25 a 30 segundos en máximo y agregarla. Unir bien.

▼ Humedecer con agua un molde rectangular N° 5. Forrarlo con film. Colocar la mezcla de roquefort. Apoyar encima el sándwich de pionono. Tapar con film. Llevar a la heladera durante 4 horas como mínimo, hasta que la gelatina tome cuerpo.

▼ Desmoldar y adornar con flores de pimiento rojo y hojas de puerro.

– Congelar envuelta en film y papel de aluminio o bolsa. Dura 2 meses.
– Descongelar en la heladera.

# Tomates rellenos en tres versiones

## INGREDIENTES

| | |
|---|---|
| 9 tomates medianos | 1 y 1/2 sobre de gelatina |
| 4 corazones de alcauciles | sin sabor |
| al natural | 1 cucharada de ajo y perejil |
| 1 lata chica de palmitos | picados |
| 1 palta | 3 cucharadas de mayonesa |
| 600 cc de crema de leche | 2 cucharadas de salsa golf |
| 3 cucharadas de jugo de limón | sal y pimienta |
| 150 cc de agua | hojas de hiedra, para presentar |

▼ Con un cuchillo filoso marcar 8 gajos en cada tomate. Separar la piel, sólo hasta la mitad de cada gajo, y abrirla para imitar los pétalos de una flor. Extraer las semillas y parte de la pulpa, con ayuda de una cuchara. Reservar los tomates ahuecados, boca abajo.

▼ Escurrir los corazones de alcauciles y los palmitos, pelar la palta y quitarle el carozo. Procesar cada ingrediente por separado, con 1 cucharada de jugo de limón. Unir cada uno de los purés obtenidos con 200 cc de crema de leche, para hacer tres *mousses* de distinto sabor. Hidratar la gelatina en el agua y disolverla en microondas de 25 a 30 segundos en máximo; agregar la tercera parte a cada *mousse*. Incorporar a la de alcauciles el ajo y perejil y 1 cucharada de mayonesa; a la de palmitos, la salsa golf; y a la de palta, la mayonesa restante. Salpimentar las *mousses* y rellenar 3 tomates con cada una. Llevar a la heladera de 4 a 5 horas, hasta que la gelatina adquiera consistencia.

▼ Presentar cada tomate relleno en un plato, sobre una hoja de hiedra aceitada, para lograr un atractivo contraste de colores.

 — *Congelar solamente las mousses, en recipientes rígidos. Duran de 2 a 3 meses.*
*– Descongelar en la heladera.*

# Torre de pan

**INGREDIENTES**

| | |
|---|---|
| 3 rectángulos de pan de miga blanco | lechuga |
| 1/2 taza de mayonesa | tomates |
| jamón cocido | sal |
| queso de máquina | jamón crudo |
| 3 rectángulos de pan de miga negro | huevos duros |
| 1/2 taza de salsa golf | morrones al natural |
| | melón y sandía, para decorar |

▼ Armar la torre dentro de un molde para budín inglés. Colocar en el fondo un rectángulo de pan de miga blanco, untarlo con mayonesa y cubrirlo con tajadas de jamón cocido y queso de máquina. Colocar pan de miga negro, untarlo con salsa golf y cubrirlo con hojas de lechuga y rodajas de tomate espolvoreadas con sal. Seguir colocando capas, alternando del mismo modo los colores del pan y los demás ingredientes (jamón crudo, huevos duros en rodajas, morrones en tiras) hasta terminar con pan. Tapar con film y llevar a la heladera.

▼ Desmoldar la torre y rodearla con bolitas de melón y sandía extraídas con la cucharita para papas *noisette*.

— *Se puede tener en el freezer el pan de miga, envuelto en film y bolsa. Dura 3 meses.*
— *Descongelar a temperatura ambiente, tapado para que no se seque.*

# HOY COMEMOS SIN CULPA

*¡cocina light!*

# Calabaza rellena con choclo

F M C

## INGREDIENTES

1 calabaza de 750 g

1 cucharada de fécula de maíz

1 taza de leche descremada

1/2 lata de choclo cremoso

2 cucharadas de queso magro rallado

sal, pimienta y nuez moscada

▼ Lavar la calabaza, cortarla por el medio y quitarle las semillas. Cocinarla al horno, al vapor o en microondas hasta que esté tierna pero firme. Extraer algo de pulpa y reservar.

▼ Disolver la fécula en la leche fría. Llevar al fuego hasta que hierva y espese. Retirar y añadir el choclo, el queso rallado y los condimentos. Agregar la pulpa reservada, unir bien y rellenar las mitades de calabaza. Llevar al horno caliente durante 10 minutos. Retirar y servir de inmediato.

> *Para dar un toque fresco se puede espolvorear con ciboulette picada al retirar del horno. Las hierbas no aportan calorías, pero sí aroma y sabor. Cuando se incorporan a una preparación durante la cocción, conviene añadirlas casi al final.*

*– Congelar envuelta en papel de aluminio y bolsa. Dura 4 meses*
*– Descongelar en microondas al 80% de 7 a 10 minutos.*

# Cóctel de camarones

## INGREDIENTES

| |
|---|
| 1 manzana verde |
| 200 g de camarones |
| jugo de 1/2 limón |
| 3 tallos de apio |
| sal |
| 1/2 cucharada de coñac |
| 3 cucharadas de mayonesa *light* |
| 3 cucharadas de yogur natural |

▼ Pelar la manzana, quitarle el corazón y rallarla con la parte gruesa del rallador de verduras. Mezclarla con los camarones y rociar con el jugo de limón. Agregar el apio en trocitos y sal a gusto. Incorporar el coñac y por último la mayonesa mezclada con el yogur natural.

▼ Distribuir en cuatro copas. Decorar con camarones y hojas de apio. Llevar a la heladera de 3 a 4 horas antes de servir.

> *Consejo para los que quieren incorporar fibra a la dieta: no pelar la manzana.*

 *– Se puede tener en el freezer una bolsa de camarones congelados, respetando la fecha de vencimiento que indique el envase.*
*– Descongelar en la heladera.*

# Guiso de vegetales

## INGREDIENTES

rocío vegetal

1 lata de chauchas en trozos

1 lata de zanahorias en rodajas

2 dientes de ajo

4 puerros

1 hinojo

2 tazas de caldo *diet*

sal y pimienta

1 cucharada de tomillo fresco
picado

▼ Lubricar una cazuela de barro con rocío vegetal. Colocar en ella las chauchas y las zanahorias escurridas. Incorporar los ajos, los puerros y el hinojo, todo picado. Añadir el caldo y salpimentar. Llevar sobre fuego suave durante 30 minutos, aproximadamente.

▼ Servir espolvoreado con tomillo.

> *Si se desea, agregar a los vegetales 100 gramos de lomito ahumado magro, cortado en tiras.*

> – *Congelar en recipiente rígido. Dura 2 meses.*
> – *Descongelar en microondas al 80% de 18 a 20 minutos.*

# Moldeado tricolor

### INGREDIENTES

2 sobres de gelatina sin sabor

1/2 taza de caldo de verduras

750 g de ricota descremada

sal

1 lata de remolachas

1 lata de zanahorias

1 lata de arvejas

4 cucharadas de mayonesa

*light*

▼ Hidratar la gelatina en el caldo frío. Disolverla en microondas de 25 a 30 segundos en máximo. Mezclarla con la ricota y agregar muy poca sal. Dividir en tres partes iguales y reservar.

▼ Escurrir las remolachas, las zanahorias y las arvejas. Procesarlas por separado. Incorporar a cada parte de la mezcla de ricota uno de los purés obtenidos.

▼ Humedecer un molde con agua y forrarlo con film. Colocar en él las tres preparaciones, en capas parejas superpuestas. Llevar a la heladera de 3 a 4 horas, hasta que esté firme.

▼ Desmoldar y servir con la mayonesa aligerada con un poco de caldo frío.

 – Congelar envuelto en film y bolsa. Dura 3 meses.
– Descongelar en la heladera.

# Omelette de champiñones

F C

## INGREDIENTES

1 lata de champiñones

50 g de *mozzarella* magra

1 huevo

1 cucharada de queso untable descremado

2 claras

sal

1 cucharadita de perejil picado

ensalada verde, para acompañar

▼ Escurrir los champiñones y cortarlos en láminas. Picar la *mozzarella*. Reservar ambos ingredientes.

▼ Batir el huevo con las claras. Añadir el queso untable, sal a gusto y el perejil.

▼ Calentar una sartén de teflón limpia y volcar en ella la preparación. Cocinar sobre fuego moderado hasta que la superficie esté apenas húmeda. Colocar encima los champiñones y la *mozzarella*. Doblar por el medio y mantener sobre fuego suave hasta que se derrita la *mozzarella*.

▼ Servir con ensalada de hojas verdes.

– Congelar envuelta en papel de aluminio y bolsa. Dura 1 mes.
– Descongelar en microondas al 80% hasta calentar.

# Pastel de calabaza y carne

## INGREDIENTES

| | |
|---|---|
| 800 g de calabaza | caldo *diet* |
| sal y nuez moscada | 300 g de carne magra picada |
| 2 cucharadas de queso magro | pimienta |
| rallado | rocío vegetal |
| 1 cebolla | 1 huevo duro |
| 1/2 pimiento rojo | |

▼ Pelar la calabaza y cortarla en cubos. Colocarla dentro de una bolsa. Cerrar con un nudo al costado, dejando una abertura para que escape el vapor. Cocinar en microondas de 14 a 16 minutos en máximo. Procesar hasta obtener un puré homogéneo. Condimentarlo con sal y nuez moscada. Unir con el queso rallado y reservar.

▼ Picar la cebolla y el pimiento. Cocinarlos en una sartén con un poco de caldo hasta que estén tiernos. Agregar la carne, revolver y salpimentar. Retirar cuando la carne cambie de color.

▼ Lubricar con rocío vegetal una fuente térmica de 20 x 20 cm. Poner en el fondo la mitad del puré de calabaza. Extender arriba la preparación de carne. Distribuir rodajas de huevo duro y cubrir con el puré restante.

▼ Llevar a horno fuerte hasta que se dore la superficie.

 – *Congelar en la fuente, desmoldar y envolver en papel de aluminio y bolsa. Dura 3 meses.*
*– Descongelar en microondas al 80% de 10 a 15 minutos.*

# Pescado gratinado

**INGREDIENTES**

| |
|---|
| 1 cebolla |
| 1 pimiento verde |
| aceite neutro |
| 3 tomates |
| 600 g de filetes de merluza |
| sal y pimienta |
| jugo de 1 naranja |
| 1 cucharada de salsa de soja |
| 2 cucharadas de queso magro rallado |

▼ Cortar la cebolla en aros y el pimiento en tiras finas. Rehogarlos en una mínima cantidad de aceite neutro. Cortar los tomates en rodajas. Reservar todo.

▼ Rociar con aceite neutro una fuente para horno y mesa. Acomodar en el fondo la mitad de los filetes de merluza. Salpimentarlos y distribuir sobre ellos una parte de los tomates y del rehogado. Verter encima un poco de jugo de naranja y salsa de soja. Colocar otra capa de pescado, cubrir con el resto de los vegetales y rociar con más jugo y salsa. Espolvorear con el queso rallado y gratinar en el horno caliente.

 *— Se pueden tener en el freezer los filetes de merluza crudos, guardados en bolsa con separadores. Duran 6 meses.*
*— Armar la fuente con los filetes congelados y descongelar directamente en el horno.*

# Pizzetas imperdibles

## INGREDIENTES

6 galletas de arroz

6 tajadas de *mozzarella* magra

6 rodajas de tomate

1 lata chica de palmitos

sal

orégano

6 cucharaditas de salsa golf

bajas calorías

▼ Acomodar las galletas en una placa limpia. Colocar una tajada de *mozzarella* sobre cada una. Llevar al horno hasta que se derrita la *mozzarella*. Retirar.

▼ Disponer sobre cada pizzeta una rodaja de tomate, salar ligeramente y espolvorear con orégano. Completar con los palmitos cortados en rodajas y la salsa golf.

▼ Volver al horno para calentar. Servir en seguida.

---

En el súper hay muchos productos light; por ejemplo, discos de masa integral para tartas. Forrar una tartera con uno de ellos, pinchar y cubrir el fondo con 50 g de jamón cocido magro. Aparte, cortar en cubos 750 g de zapallitos y picar 1 cebolla. Colocarlos en un recipiente, tapar y cocinar en microondas durante 7 minutos en máximo. Dar vuelta a mitad del tiempo. Eliminar el jugo y dejar enfriar. Agregar 2 cucharadas de queso magro rallado, 200 g de queso untable descremado y 1 cucharada de perejil picado. Unir con 2 claras sin batir y salpimentar. Rellenar la tarta con esta preparación. Llevar al horno moderado de 35 a 40 minutos.

---

Carré de cerdo agridulce *(pág. 134)*

Chop suey (pág. 101)

Tomates rellenos en tres versiones *(pág. 149)*

Fideos con salsa putanesca (*pág. 66*)

**1** Salmón *grillé* con pesto *diet* (*pág.* 162)
**2** Trío de pimientos (*pág.* 165)

**2**

Bizcochuelo de chocolate *(pág. 188)*

*Mousse en dos versiones (pág. 198)*

# Risotto integral con atún

### INGREDIENTES

1/2 pimiento rojo

1/2 pimiento verde

2 cebollas de verdeo

1 zanahoria

rocío vegetal

1 taza de arroz integral

2 y 1/2 tazas de caldo *diet*

1 dedal de azafrán

sal y pimienta

1 lata chica de atún al natural

1 cucharada de perejil picado

▼ Picar finamente los pimientos y las cebollas de verdeo. Rallar la zanahoria. Rehogar todo en una cacerola lubricada con rocío vegetal. Agregar el arroz y saltear durante 3 minutos, aproximadamente, hasta que se vuelva blanco. Añadir el caldo caliente y el azafrán. Condimentar con sal y pimienta. Cocinar de 25 a 30 minutos, hasta que el arroz esté a punto. Si es necesario, agregar más caldo.

▼ Antes de servir, esparcir arriba el atún escurrido, desmenuzado, y el perejil.

 – *Congelar en recipiente rígido, sin el atún. Dura 2 meses.*
– *Descongelar en microondas al 80% de 15 a 18 minutos.*

# Salmón grillé con pesto diet

### INGREDIENTES

4 postas de salmón de 200 g

sal y pimienta

jugo de 2 limones

6 dientes de ajo

1/2 taza de hojas de albahaca

3 cucharadas de aceite de maíz

2 cucharadas de queso magro
rallado

1 lata de chauchas en trozos
(opcional)

1 lata de zanahorias en rodajas

▼ Salpimentar las postas de salmón, rociarlas con el jugo de limón y dejarlas marinar durante 10 minutos. Escurrirlas y asarlas a la parrilla o a la plancha 6 minutos de cada lado.

▼ Mientras tanto, licuar los ajos junto con la albahaca, el queso rallado, el aceite de maíz y algo de sal, para obtener el pesto.

▼ Servir el salmón salseado con el pesto. Acompañar con las zanahorias (y también con las chauchas, si se desea) escurridas y calentadas en una sartén sobre el fuego o en microondas.

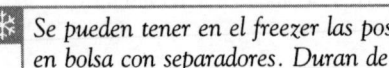

❄ *Se pueden tener en el freezer las postas de salmón, guardadas en bolsa con separadores. Duran de 2 a 3 meses. Se usan sin descongelar.*

# Sopa de espárragos verdes

## INGREDIENTES

1 atado de espárragos verdes

2 tazas de caldo *diet*

sal y pimienta negra

1 cucharadita de fécula de maíz

2 tazas de leche descremada

1 cucharada de perejil picado

▼ Limpiar los espárragos con un pelapapas y cortarlos en trozos chicos. Cocinarlos en el caldo, con sal y pimienta negra recién molida, de 15 a 20 minutos. Procesar todo junto y volver a la cacerola.

▼ Agregar la fécula de maíz disuelta en la leche fría. Cocinar sobre fuego suave durante 5 minutos. Espolvorear con el perejil picado antes de servir.

> *Para improvisar un postre superliviano, procese 2 tazas de frambuesas frescas y mézclelas con 1 y 1/2 cucharada de edulcorante líquido, 300 gramos de queso untable descremado y 2 claras batidas a nieve. Reparta la preparación en copas y adorne con hojitas de menta.*

 *– Congelar en recipiente rígido, sin llenarlo totalmente. Dura 2 meses.*
*– Descongelar en microondas al 80% de 10 a 12 minutos.*

# Supremas con compañía

F  M  C

## INGREDIENTES

4 supremas de pollo de 150 g

sal y pimienta

100 g de champiñones

al natural

50 g de *mozzarella* magra

1 cucharada de perejil picado

1 huevo

50 g de pan rallado

rocío vegetal

1 lata de zanahorias en rodajas

1 lata de chauchas en trozos

▼ Abrir cada suprema en forma de libro, salpimentar y reservar.

▼ Picar los champiñones y la *mozzarella*. Mezclar ambos ingredientes y agregar el perejil. Dividir en cuatro porciones y colocar una en el centro de cada suprema. Cerrar, pasar por el huevo batido con sal y rebozar con el pan rallado.

▼ Lubricar una asadera con rocío vegetal, ubicar las supremas y hornear a temperatura moderada de 15 a 18 minutos, dándolas vuelta una sola vez.

▼ Servir como guarnición las zanahorias y las chauchas escurridas, calentadas sobre el fuego o en microondas.

*– Congelar en recipiente rígido, sin la guarnición de verduras. Dura 3 meses*
*– Descongelar en microondas al 80% de 20 a 25 minutos.*

# Trío de pimientos

## INGREDIENTES

| |
|---|
| 2 pimientos rojos |
| 2 pimientos verdes |
| 2 pimientos amarillos |
| aceite de oliva |
| 9 dientes de ajo |
| sal y pimienta |

▼ Lavar los pimientos. Colocarlos en una asadera apenas humedecida con agua. Tapar con papel de aluminio. Hornear durante 25 minutos, aproximadamente, rotándolos a mitad del tiempo para lograr una cocción pareja. Retirarlos y dejarlos enfriar. Pelarlos y quitarles los cabitos y las semillas. Cortarlos en tiras anchas.

▼ Disponer las tiras de pimientos dentro de una fuente honda, por capas, intercalando los ajos cortados en láminas. Salpimentar y rociar con aceite de oliva cada capa. Mantener en la heladera hasta el momento de servir.

> *La cocción de los pimientos se puede realizar en microondas, de 8 a 10 minutos en máximo.*

> *– Se pueden tener en el freezer los pimientos cocidos, limpios y cortados. Duran 12 meses.*
> *– Descongelar en la heladera.*

# Terrina de brócoli

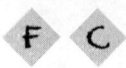

## INGREDIENTES

1 bolsa de brócoli congelado

1 cebolla

100 g de jamón cocido magro

150 g de ricota descremada

3 cucharadas de queso magro
rallado

sal, pimienta y nuez moscada

2 claras

▼ Descongelar el brócoli como indica el envase y procesarlo. Añadirle la cebolla rallada y el jamón picado. Incorporar la ricota, el queso rallado y los condimentos. Unir con las claras e integrar todo.

▼ Volcar en un molde para budín inglés de 24 cm de largo, aceitado y con una tira de papel manteca en la base.

▼ Hornear a baño de María hasta que esté firme. Desmoldar y servir.

> *El brócoli se puede reemplazar por otros vegetales frescos, congelados o enlatados, para variar el sabor de la terrina.*

*– Congelar envuelta en film y bolsa. Dura 3 meses.*
*– Descongelar en microondas al 80% de 15 a 20 minutos.*

# Bizcochuelo light

## INGREDIENTES

| | |
|---|---|
| 4 huevos | 3 y 1/2 cucharadas de fécula |
| 14 cucharadas de edulcorante | de maíz |
| en polvo apto para cocción | 1 cucharada de polvo |
| 1 cucharadita de esencia | para hornear |
| de vainilla | rocío vegetal |
| ralladura de 1 limón | queso blanco y mermelada *diet*, |
| 3 y 1/2 cucharadas de harina | para rellenar (optativo) |

▼ Batir los huevos con el edulcorante hasta alcanzar punto letra. Aromatizar con la esencia de vainilla y la ralladura de limón.

▼ Mezclar la harina con la fécula de maíz y el polvo para hornear. Incorporar al batido estos ingredientes secos, dejándolos caer a través de un tamiz.

▼ Volcar la preparación en un molde de 22 cm de diámetro, lubricado con rocío vegetal. Hornear a temperatura moderada durante 25 minutos. Retirar, desmoldar y dejar enfriar sobre rejilla de alambre.

▼ Se puede cortar por el medio y rellenar con queso blanco mezclado con mermelada de frambuesas *diet*.

> *Para el éxito de esta receta resulta esencial emplear edulcorante apto para cocción. ¡Verifíquelo en el envase!*

# Cheesecake con frutas

## INGREDIENTES

| | |
|---|---|
| 500 g de ricota descremada | 150 cc de jugo de naranja |
| 500 g de queso blanco | frutillas y kiwis |
| 2 cucharadas de edulcorante | SALSA |
| líquido | 150 g de frutillas |
| 1 cucharadita de esencia | jugo de 1/2 limón |
| de vainilla | 1 cucharadita de edulcorante |
| ralladura de 1 limón | líquido |
| 2 sobres de gelatina sin sabor | |

▼ Mezclar la ricota y el queso blanco con el edulcorante, la esencia y la ralladura.

▼ Hidratar la gelatina en el jugo de naranja, disolverla en microondas de 20 a 30 segundos en máximo y añadirla a la mezcla anterior.

▼ Forrar con film un molde savarin. Volcar la preparación y alisar. Llevar a la heladera de 4 a 5 horas.

▼ Desmoldar y llenar el hueco central con frutillas y gajos de kiwis pelados. Disponer las mismas frutas también alrededor. Presentar la salsa en salsera, para acompañar cada porción.

## SALSA

▼ Licuar las frutillas limpias junto con el jugo de limón y el edulcorante.

> Actualísima, como una presentación impactante, bajo tenor graso, pocas calorías, montones de vitamina C, todo el colorido de las frutas y un sabor sensacional. ¿Acaso se le puede pedir algo más a esta tentadora receta?

# Mousse de cerezas

**INGREDIENTES**

1/2 sobre de gelatina *diet*
de cerezas

50 cc de agua

1 cucharada de leche en polvo
descremada

6 claras

1/2 cucharadita de cremor
tártaro

cerezas y menta, para decorar

▼ Disolver la gelatina en el agua caliente y reservarla.

▼ Batir las claras hasta que espumen bien. Agregar la leche en polvo y el cremor tártaro. Seguir batiendo hasta alcanzar punto nieve. Incorporar la gelatina mientras se mezcla en forma suave y envolvente con espátula de goma.

▼ Repartir en 6 compoteras o copas. Decorar con cerezas frescas y hojitas de menta. Mantener en la heladera hasta el momento de servir.

– *Se puede variar el sabor de la* mousse *según la gelatina que se use (naranja, frutilla, manzana).*
– *Si mezcla 350 gramos de queso untable descremado con la ralladura y el jugo de 1 limón, 2 cucharadas de edulcorante líquido, 3 claras a nieve y 1/2 taza de frutillas picadas obtendrá otro rico postre light.*

# Torrecitas de Kiwi

## INGREDIENTES

| |
|---|
| 4 kiwis |
| 1 yogur natural descremado |
| 2 cucharadas de edulcorante líquido |
| 1 cucharadita de jengibre en polvo |
| 1 sobre de gelatina sin sabor |
| 50 cc de jugo de naranja |
| SALSA |
| 150 g de frutillas |
| 1 cucharada de edulcorante líquido |

▼ Pelar los kiwis. Darles un hervor, escurrirlos y procesarlos. Dejar enfriar el puré obtenido.

▼ Incorporar el yogur, el edulcorante y el jengibre. Unir con la gelatina hidratada en el jugo de naranja.

▼ Distribuir la preparación en cuatro moldecitos altos humedecidos con agua. Llevar a la heladera de 4 a 5 horas, hasta que solidifique la gelatina.

### SALSA

▼ Procesar las frutillas limpias junto con el edulcorante.

▼ Desmoldar las torrecitas, salsearlas y decorar con rodajas de kiwi.

---

*El kiwi y el ananá frescos poseen una sustancia que impide la coagulación de la gelatina; por eso es imprescindible usarlos cocidos o en almíbar en recetas de este tipo.*

# TENTEMPIÉS

## para llevar al trabajo

# Budín de papas y jamón

◆ F ◆ M

### INGREDIENTES

| |
|---|
| 1 cebolla |
| 1/2 pimiento rojo |
| 1 diente de ajo |
| 750 g de papas congeladas |
| 1 cucharada de perejil picado |
| 4 cucharadas de queso rallado |
| sal, pimienta y nuez moscada |
| 6 huevos |
| 2 cucharadas de pan rallado |
| 1 cucharadita de pimentón |
| 100 g de jamón cocido |

▼ Picar la cebolla, el pimiento y el ajo. Colocarlos en un recipiente amplio. Agregar las papas, sin descongelar. Tapar con film y pincharlo para permitir que escape el vapor por las perforaciones. Cocinar en microondas de 14 a 16 minutos en máximo.

▼ Incorporar a la preparación caliente el perejil y el queso. Condimentar con sal, pimienta y nuez moscada. Mezclar bien. Unir con los huevos apenas batidos.

▼ Aceitar una tartera de 26 cm de diámetro. Espolvorearla con el pan rallado mezclado con el pimentón. Volcar la mitad de la mezcla anterior. Colocar las tajadas de jamón. Cubrir con el resto de la mezcla y alisar. Cocinar durante 8 minutos en máximo.

▼ Retirar y cortar en porciones.

❄ – Congelar las porciones envueltas en film y bolsa. Duran 3 meses.
– Descongelar en microondas al 80% de 10 a 15 minutos.

# Budincitos de zanahoria

F M C

### INGREDIENTES

750 g de zanahorias

2 cebollas de verdeo

200 g de queso crema

3 cucharadas de queso rallado

1 cucharadita de fécula de maíz

sal y pimienta

1 huevo

2 claras

▼ Trozar las zanahorias. Ponerlas en un recipiente junto con 100 cc de agua. Tapar y cocinar en microondas de 10 a 12 minutos en máximo. Retirarlas y procesarlas.

▼ Añadir al puré de zanahorias las cebollas de verdeo picadas, el queso crema, el queso rallado y la fécula de maíz. Salpimentar. Unir con el huevo y las claras.

▼ Enmantecar 6 moldes individuales y colocar papel manteca en la base. Repartir la preparación en ellos, llenándolos hasta las tres cuartas partes. Hornear a baño de María durante 30 minutos.

▼ Retirar y desmoldar.

*– Congelar envueltos en film y bolsa. Duran 3 meses.*
*– Descongelar en microondas al 80% durante 10 minutos.*

# Empanaditas griegas

## INGREDIENTES

500 g de ricota

2 cucharadas de ajo y perejil picados

150 g de queso rallado

sal y pimienta

2 huevos

1 paquete de masa para *strudel*

manteca

▼ Mezclar la ricota con el ajo y perejil picados y el queso rallado. Salpimentar a gusto, unir con los huevos y reservar.

▼ Extender sobre la mesada una hoja de masa. Pincelarla con manteca derretida. Superponer la otra hoja y pincelarla también. Cortar tiras de 10 cm de ancho por 40 cm de largo.

▼ Colocar 1 cucharada de la preparación de ricota junto a un extremo de cada tira de masa. Doblar de modo que el lado corto de la tira coincida con el largo, para determinar un triángulo. Seguir realizando dobleces que coincidan con los lados del triángulo hasta llegar al final de la tira, para que el relleno quede encerrado por varias capas de masa. Formar todas las empanadas del mismo modo.

▼ Ubicarlas sobre una placa y pintarlas con manteca derretida. Hornear durante 15 minutos.

---

*Vale la pena probar esta receta, aunque dé un poquitín más de trabajo que otras. Para compensar, le propongo unas milanesas de calabaza superfáciles: Cocinar brevemente al vapor rodajas de calabaza de 1 y 1/2 cm de espesor. Pasarlas por harina, luego por huevo batido con sal, pimienta y ajo y perejil picados y finalmente por pan rallado. Freír hasta dorar de ambos lados... ¡y listo!*

# Emparedados de berenjenas

## INGREDIENTES

rodajas de berenjenas
deshidratadas

queso de máquina

jamón cocido o lomito
ahumado

tomates

sal y pimienta

orégano

queso rallado

▼ Hidratar las rodajas de berenjenas sumergiéndolas en agua caliente durante 15 minutos. Escurrirlas.

▼ Disponer la mitad de las rodajas de berenjenas en una placa. Apoyar una tajada de queso y una del fiambre elegido, dobladas, sobre cada una. Colocar una rodaja de tomate y sazonar con sal, pimienta y orégano. Cubrir con las otras rodajas de berenjenas. Espolvorear con queso rallado.

▼ Calentar en el horno hasta que se derrita el queso.

> *Las propuestas de este capítulo no son exclusivas para el trabajo. Pueden saborearse en casa, recién hechas o descongeladas en microondas al 80% hasta calentar. Si se van a transportar, conviene descongelarlas al 30% y llevarlas en recipientes rígidos bien tapados.*

# Rosetitas sorpresa

## INGREDIENTES

1 cebolla

1 cucharada de manteca

1 taza de espinaca cocida,
exprimida y picada

1/2 taza de ricota

3 cucharadas de queso rallado

50 g de jamón cocido

sal, pimienta y nuez moscada

2 paquetes de masa
para empanadas

huevo, para pintar

▼ Picar la cebolla y rehogarla en la manteca. Combinarla con la espinaca, la ricota, el queso rallado y el jamón picado. Condimentar con sal, pimienta y nuez moscada.

▼ Separar los discos de masa. Forrar con ellos moldes para tarteletas de 4 ó 5 cm de diámetro, enmantecados; la masa debe sobresalir del borde.

▼ Rellenar con la preparación de espinaca. Doblar la masa llevando hacia el centro varios puntos del contorno, para formar las rosetas. Pintar con huevo batido.

▼ Cocinar en el horno caliente de 12 a 15 minutos.

> *Si se prefiere hacer rosetas grandes, usar masa para pascualina. El relleno se puede cambiar por cualquier otro apto para tartas o empanadas (por ejemplo, uno improvisado con sobrantes).*

 – *Congelar por congelación abierta y luego guardar en bolsa. Duran 4 meses.*
– *Descongelar a temperatura ambiente.*

# Sándwiches de blini

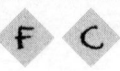

### INGREDIENTES

| |
|---|
| 2 huevos |
| 1 cucharada de aceite neutro |
| 250 cc de leche |
| sal |
| 120 g de harina leudante |

▼ Batir los huevos con el aceite y la leche. Incorporar la sal y la harina. Mezclar hasta homogeneizar, para obtener una pasta que nape la cuchara.

▼ Calentar muy bien una sartén antiadherente. Colocar 1 ó 2 cucharadas de pasta formando un círculo. Dejar que se dore la base, dar vuelta y dorar del otro lado. Retirar.

▼ Hacer todos los *blini* del mismo modo. Deben quedar como panqueques pequeños, altos y esponjosos.

▼ Armar sándwiches intercalando entre dos *blini* los rellenos que se sugieren:

1. Trocitos de pollo cocido, tomate, lechuga, huevo duro, mayonesa, ketchup.
2. Apio picado, manzana rallada, lechuga, mayonesa.
3. Atún escurrido y desmenuzado, zanahoria rallada, tomate, lechuga, mayonesa.

---

*Los blini son una especialidad de la cocina rusa.*

---

 – *Congelar los blini solos en recipiente rígido con separadores. Duran 6 meses.*
– *Descongelar a temperatura ambiente.*

# Scones salados con avena

**INGREDIENTES**

| |
|---|
| 400 g de harina |
| 1/2 cucharadita de sal |
| 2 cucharaditas de polvo para hornear |
| 100 g de manteca |
| 2 huevos |
| leche |
| 100 g de queso gruyère |
| 50 g de jamón cocido |
| avena arrollada gruesa |

▼ Procesar la harina junto con la sal, el polvo para hornear y la manteca bien fría hasta lograr una textura arenosa. Seguir procesando mientras se añaden los huevos apenas batidos y la cantidad de leche necesaria para tomar la masa. Retirar de la máquina.

▼ Incorporar el gruyère rallado grueso y el jamón picado. Unir sin amasar.

▼ Estirar la masa sobre la mesada ligeramente enharinada hasta dejarla de 2 cm de espesor. Cortar los *scones* con cortapastas de 5 cm de diámetro. Pintar con huevo batido y espolvorear con avena arrollada.

▼ Apoyar los *scones* sobre una placa enmantecada. Hornear durante 20 minutos.

> – *Congelar tibios, envueltos en papel de aluminio y bolsa. Duran 3 meses.*
> – *Descongelar a temperatura ambiente.*

# Strudel de jamón y queso

## INGREDIENTES

| |
|---|
| 1 cebolla |
| manteca, para rehogar |
| 1 pimiento rojo |
| 150 g de jamón cocido |
| 200 g de ricota |
| 50 g de queso rallado |
| 1 huevo |
| sal y pimienta |
| 1 tapa rectangular de masa hojaldrada |
| huevo, para pintar |
| semillas de amapola |

▼ Picar la cebolla y rehogarla en manteca. Asar, pelar y picar el pimiento. Picar el jamón. Combinar los tres ingredientes con la ricota y el queso rallado. Agregar el huevo, salpimentar y unir todo.

▼ Estirar la masa hasta dejarla bien fina. Cubrir la cuarta parte con la mezcla anterior. Doblar los costados de la masa hacia adentro y enrollar.

▼ Ubicar el *strudel* sobre una placa enmantecada. Pintar la superficie con huevo batido y espolvorear çon semillas de amapola.

▼ Hornear a temperatura moderada hasta dorar. Retirar y cortar en porciones.

---

*Si se corta la masa en rectángulos de 10 por 15 cm se pueden hacer strudels individuales.*

---

*— Congelar las porciones envueltas en film y bolsa. Duran 2 meses.*
*— Descongelar en microondas al 80% de 5 a 7 minutos por porción.*

# Tartas a gusto

### INGREDIENTES PARA TARTA DE CALABAZA

| | |
|---|---|
| 3 tazas de puré de calabaza | 2 huevos |
| 1 cebolla pequeña | sal, pimienta y nuez moscada |
| 100 g de queso crema | 1 disco de masa hojaldrada |
| 50 g de queso rallado | |

▼ Mezclar el puré de calabaza con la cebolla rallada, los quesos, los huevos y los condimentos.

▼ Forrar una tartera con la masa. Pinchar con un tenedor. Rellenar con la mezcla. Hornear a temperatura moderada durante 45 minutos.

### INGREDIENTES PARA TARTA MIXTA

| | |
|---|---|
| 1 disco de masa hojaldrada | 1 taza de agua |
| 100 g de jamón cocido | 300 g de ricota |
| 150 g de queso cuartirolo | 100 g de queso rallado |
| 1 sobre de polvo para sopa | pimienta |
| crema de cebollas | |

▼ Forrar una tartera con la masa. Pinchar y disponer en el fondo tajadas de jamón y queso.

▼ Disolver el polvo para sopa en el agua fría. Llevar al fuego hasta que hierva y espese. Retirar y dejar entibiar. Unir con la ricota y el queso rallado. Sazonar sólo con pimienta. Volcar en la tartera y alisar. Cocinar en el horno moderado de 35 a 40 minutos.

 – Congelar porciones envueltas en papel de aluminio y bolsa. Duran de 2 a 3 meses.
– Descongelar en microondas al 80% de 5 a 7 minutos por porción.

# Tartines para un día de fiaca

F C

### INGREDIENTES

| |
|---|
| 1 paquete de pan de salvado |
| manteca |
| 1 cebolla |
| 1 diente de ajo |
| sal y pimienta |
| 150 g de jamón cocido |
| 200 g de *mozzarella* |
| 50 g de queso rallado |

▼ Utilizar moldes de 12 cm de diámetro. Colocar dentro de cada uno dos tiras de papel manteca cruzadas, que sobresalgan de los bordes, para facilitar el desmolde posterior.

▼ Descortezar las rebanadas de pan. Ubicar una dentro de cada molde y presionar contra la base y las paredes. Pincelar con manteca derretida.

▼ Picar la cebolla y el ajo. Rehogarlos en una pequeña cantidad de manteca. Salpimentar y reservar.

▼ Colocar en el fondo de cada tartín un poco de jamón cocido picado. Repartir el rehogado de cebolla y ajo. Cubrir con la *mozzarella* cortada en tajadas. Espolvorear con el queso rallado.

▼ Llevar al horno caliente de 10 a 15 minutos. Retirar y desmoldar con ayuda de las tiras de papel.

– *Congelar envueltos en papel de aluminio y bolsa. Duran 1 mes.*
– *Descongelar en microondas al 80% hasta calentar.*

# Tortilla de espinaca

**F  M**

### INGREDIENTES

500 g de espinaca congelada

1 cebolla

1/2 pimiento rojo

1 diente de ajo

50 g de queso rallado

2 cucharadas de avena
arrollada fina

sal, pimienta y nuez moscada

6 huevos

▼ Colocar la espinaca congelada en un plato y cocinarla en microondas como indica el envase. Escurrirla, picarla y reservarla.

▼ Picar la cebolla, el pimiento y el ajo. Ponerlos en un recipiente, tapar y cocinar durante 5 minutos en máximo. Revolver a mitad de cocción.

▼ Combinar la espinaca con los otros vegetales. Agregar el queso rallado y 1 cucharada de avena. Sazonar con sal, pimienta y nuez moscada. Unir con los huevos apenas batidos.

▼ Enmantecar una tartera de 20 a 22 cm de diámetro. Espolvorear con la otra cucharada de avena. Volcar la preparación y emparejar la superficie.

▼ Cocinar de 6 a 8 minutos en máximo. Dejar reposar de 3 a 5 minutos antes de cortar.

---

*– Congelar envuelta en film y bolsa. Dura 3 meses.*
*– Descongelar en microondas al 80% de 10 a 15 minutos.*

# Tortillas individuales

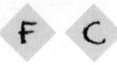

### INGREDIENTES PARA TORTILLA DE ATÚN

| | |
|---|---|
| 1 cebolla pequeña | sal y pimienta |
| 1/2 pimiento rojo | 1 lata chica de atún |
| 1 diente de ajo | 3 yemas |
| aceite | 3 claras |

▼ Picar la cebolla, el pimiento y el ajo. Rehogarlos en muy poco aceite. Retirar y salpimentar.

▼ Escurrir y desmenuzar el atún. Mezclarlo con los vegetales rehogados. Añadir las yemas. Batir las claras a nieve e incorporarlas uniendo con suavidad.

▼ Cocinar la tortilla en una sartén pequeña con algo de aceite, hasta dorarla ligeramente de ambos lados.

### INGREDIENTES PARA TORTILLA DE CEBOLLA

| | |
|---|---|
| 150 g de panceta ahumada | 4 huevos |
| 2 cebollas | aceite |
| sal y pimienta | |

▼ Cortar la panceta en cubitos. Dorarla en su propia grasa. Cortar las cebollas en juliana fina, agregarlas y rehogarlas. Salpimentar y retirar. Unir con los huevos apenas batidos.

▼ Hacer la tortilla en una sartén pequeña con poco aceite, dorándola de ambos lados.

> ❄ – Congelar envueltas en film y bolsa. Duran 1 mes.
> – Descongelar en microondas al 80% hasta calentar.

# POSTRES
# Y ALGO MÁS

que aplaudirán
los golosos

# Arroz con leche

### INGREDIENTES

150 g de arroz de grano corto

1 litro de leche

200 g de azúcar

1 espiral de corteza de limón

canela o salsa de caramelo

▼ Colocar la leche en un recipiente amplio. Calentarla en microondas durante 3 minutos en máximo. Agregar el arroz, el azúcar y la corteza de limón. Cubrir con film y cocinar 18 minutos en máximo. Revolver a mitad de cocción. Dejar reposar durante 9 minutos.

▼ Cuando el arroz con leche esté frío, repartirlo en compoteras y llevar a la heladera. Espolvorear con canela o rociar con salsa de caramelo antes de servir.

> – El tiempo de reposo es necesario para que el arroz termine de absorber la cantidad justa de leche.
> – Con esta receta se obtiene un arroz bien cremoso. Si se prefiere más suelto, conviene lavarlo para eliminar el exceso de almidón antes de cocinarlo.

> – Congelar en recipiente rígido. Dura 1 mes.
> – Descongelar en la heladera.

# Bizcochuelo de chocolate

F M

**INGREDIENTES**

manteca y galletitas de
chocolate, para el molde

3 huevos

200 cc de leche

1 paquete de polvo para
bizcochuelo de chocolate

▼ Utilizar un molde no metálico de 24 cm de diámetro. Colocar en la base un disco de papel manteca enmantecado. Espolvorear con galletitas de chocolate molidas y reservar.

▼ Batir los huevos junto con la leche y el polvo para bizcochuelo, en batidora eléctrica, durante 5 minutos.

▼ Volcar el batido dentro del molde preparado. Cocinar en microondas, sin tapar, durante 7 minutos al 60% y de 7 a 8 minutos en máximo.

▼ Al retirar, espolvorear la superficie con galletitas molidas. Dejar enfriar antes de desmoldar.

▼ Cortar en 3 capas. Rellenar y cubrir con crema chantillí y frutillas.

> *Las tortas hechas en microondas no se desmoldan sobre rejilla al retirarlas para evitar que se peguen al alambre y se hundan, pues la cocción continúa durante el tiempo de reposo.*

– *Congelar tibio, envuelto en papel de aluminio y bolsa. Dura 4 meses.*
– *Descongelar a temperatura ambiente, sin desenvolver, para que no se seque.*

# Bomba helada de dulce de leche

F M

## INGREDIENTES

200 g de galletitas de
chocolate

120 g de manteca

400 cc de crema de leche

2 sobres de gelatina sin sabor

1 kilo de dulce de leche
repostero

100 cc de café preparado

1 lata de salsa de chocolate

▼ Moler las galletitas de chocolate. Mezclarlas con la manteca derretida. Reservar el granulado obtenido.

▼ Batir la crema de leche a medio punto. Combinarla con el dulce de leche repostero. Hidratar la gelatina en el café, disolverla en microondas de 25 a 30 segundos en máximo y añadirla. Unir suavemente para integrar todo.

▼ Forrar con film un molde bomba y verter la preparación de dulce de leche. Esparcir en la superficie el granulado de galletitas, formando una capa pareja. Tapar con film y llevar a la heladera durante 4 ó 5 horas como mínimo, hasta que tome cuerpo.

▼ Desmoldar la bomba y servir con la salsa de chocolate.

❄ – Congelar envuelta en film y bolsa. Dura 2 meses.
– Descongelar en la heladera.

# Budín de calabaza y naranja

## INGREDIENTES

| | |
|---|---|
| 150 g de azúcar | 1 cucharada de ralladura |
| 1/2 cucharada de jugo de limón | de naranja |
| 6 cucharadas de agua | 3 huevos |
| 400 g de calabaza cocida | esencia de vainilla |
| 1 lata de leche condensada | crema de leche batida, |
| 100 cc de leche común | para acompañar |
| 200 cc de jugo de naranja | |

▼ Colocar el azúcar, el jugo de limón y el agua en un recipiente de 1 y 1/2 litro de capacidad. Cocinar en microondas de 5 a 7 minutos en máximo, sin tapar, para lograr un caramelo.

▼ Volcarlo de inmediato en una budinera, hacerlo correr por todo el interior y dejarlo enfriar por completo.

▼ Reducir la calabaza a puré. Añadir la leche condensada, la leche común, el jugo y la ralladura de naranja. Incorporar los huevos y la esencia de vainilla. Unir bien.

▼ Colocar la preparación dentro de la budinera acaramelada. Hornear a baño de María durante 50 minutos. Retirar, dejar enfriar y llevar a la heladera.

▼ Desmoldar y servir con crema de leche batida a medio punto.

*– Congelar envuelto en film y bolsa. Dura 6 meses.*
*– Descongelar en la heladera.*

# Budín de pan al chocolate

## INGREDIENTES

| | |
|---|---|
| 600 cc de crema de leche | 1 cucharada de café preparado |
| 170 g de pan lácteo | 50 g de pasas de uva |
| 160 g de azúcar | oporto |
| 4 huevos | menta y pepitas de chocolate, |
| ralladura de 1 naranja | para decorar |
| 3 cucharadas de cacao amargo | |

▼ Calentar la crema de leche en microondas durante 2 minutos en máximo. Incorporarle el pan cortado en cubitos, el azúcar, los huevos, la ralladura de naranja y el cacao disuelto en el café. Añadir las pasas de uva, previamente maceradas en oporto y escurridas.

▼ Volcar en una budinera de 1 y 1/2 litro de capacidad, acaramelada como se explica en la página 192. Tapar y cocinar en microondas, durante 8 minutos al 50% y 10 minutos en máximo. Retirar, dejar enfriar y llevar a la heladera.

▼ Desmoldar y adornar con hojas de menta y pepitas de chocolate blanco.

> *Para obtener un budín más liviano, reemplazar la crema por leche, total o parcialmente.*

 *– Congelar envuelto en film y bolsa. Dura de 3 a 4 meses.*
*– Descongelar en la heladera.*

# Budincitos de membrillo

M  C

## INGREDIENTES

600 g de dulce de membrillo

1 copa de vino tinto

10 g de gelatina sin sabor

3/4 de taza de agua

jugo de 1 limón

crema chantillí o salsa
de chocolate

▼ Cortar el dulce de membrillo en cubitos. Ponerlo en una cacerolita junto con el vino. Llevar al fuego hasta que hierva. Retirar y procesar.

▼ Hidratar la gelatina en el agua fría, disolverla en microondas de 25 a 30 segundos en máximo y agregarla a la mezcla procesada. Incorporar el jugo de limón y mezclar para homogeneizar.

▼ Distribuir en moldecitos individuales humedecidos con agua (o colocar en un molde para budín inglés de 24 cm de largo, forrado con film). Refrigerar de 4 a 5 horas, hasta que la preparación adquiera consistencia firme.

▼ Desmoldar y coronar con un copete de crema chantillí o rociar con salsa de chocolate.

*¡No confundirse! Las preparaciones que llevan sólo gelatina, como ésta, no deben conservarse en el freezer. Las que incluyen crema de leche, ricota o queso untable además de la gelatina, en cambio, se congelan sin problemas.*

# Copas sutiles de limón

### INGREDIENTES

500 cc de agua

2 y 1/2 cucharadas de fécula
de maíz

jugo y ralladura de 1 limón

2 claras

120 g de azúcar

corteza de limón, para decorar

▼ Colocar el agua en una cacerola. Agregarle la fécula de maíz disuelta en un poco de agua fría. Llevar al fuego y calentar a punto de ebullición. Retirar y perfumar con el jugo y la ralladura de limón. Dejar entibiar.

▼ Batir las claras a nieve junto con el azúcar. Incorporarlas a la preparación anterior, uniendo en forma suave y envolvente.

▼ Repartir en copas, preferentemente de color, para que contrasten con la crema blanca. Decorar con hebras o espirales de corteza de limón. Refrigerar muy bien antes de servir.

> *La ralladura de cítricos se conserva durante mucho tiempo dentro de un frasco bien cerrado si se seca antes de envasarla. Colocarla entre dos hojas de papel absorbente y secarla en microondas de 30 a 60 segundos en máximo. Estará siempre a mano para perfumar postres.*

# Crema helada inolvidable

**INGREDIENTES**

1 paquete de 100 g de polvo

para helado de vainilla

1 paquete de 100 g de polvo

para helado de chocolate

250 cc de leche

2 barras de chocolate para taza

50 gramos de nueces

1 lata de salsa de chocolate

▼ Mezclar cada gusto de polvo para helado con 125 cc de leche. Batir por separado, con batidora eléctrica, de 10 a 15 minutos, hasta espesar.

▼ Agregar el chocolate picado al batido de vainilla y las nueces picadas al de chocolate.

▼ Forrar con film un molde grande para budín inglés. Colocar en el fondo las tres cuartas partes del preparado de vainilla, en el medio el de chocolate y arriba el resto del de vainilla.

▼ Alisar y cubrir con film. Llevar al freezer hasta que esté firme. Retirar 5 minutos antes de servir. Desmoldar y bañar con la salsa de chocolate.

*Acuérdese de humedecer el molde con agua para que el film se adhiera sin dificultades.*

— *Congelar en el molde, envuelto en film. Dura 3 meses.*
— *Servir sin descongelar.*

# Flan casero

### INGREDIENTES

750 cc de leche

6 huevos grandes o 7 chicos

180 g de azúcar

1 cucharadita de esencia
de vainilla

▼ Acaramelar un molde para flan como se explica en la página 192.
▼ Calentar la leche en microondas durante 3 minutos en máximo. Agregarle el azúcar.
▼ Batir los huevos apenas lo necesario para unir yemas y claras. Añadirlos a la mezcla de leche y azúcar, revolviendo con rapidez para que no coagulen con el calor. Perfumar con la esencia de vainilla.
▼ Volcar la preparación dentro del molde acaramelado. Tapar con film. Cocinar en microondas durante 20 minutos al 50%. Retirar y dejar enfriar.
▼ Refrigerar antes de desmoldar.

> *Antes de cocinar el flan, asegúrese de que no queden olores de otras preparaciones dentro del microondas. Un sistema eficaz para desodorizarlo consiste en hervir 1 taza de agua con el jugo de 1 limón durante 5 minutos en máximo.*

*– Congelar en recipiente rígido. Dura 1 mes.*
*– Descongelar en la heladera.*

# Frescura de damascos

## INGREDIENTES

1 lata de damascos en almíbar

400 cc de crema de leche

50 g de azúcar

1/2 cucharadita de esencia
de vainilla

2 sobres de gelatina sin sabor

2 cucharadas de ron

125 cc del almíbar
de los damascos

2 cucharadas de almendras
picadas

frutillas, para decorar

▼ Escurrir los damascos y procesarlos. Reservar el puré obtenido.

▼ Batir la crema de leche a medio punto, junto con el azúcar, y añadirla al puré de damascos. Aromatizar con la esencia de vainilla.

▼ Hidratar la gelatina en el almíbar, disolverla en microondas de 25 a 30 minutos en máximo e incorporarla a la preparación. Agregar el ron y unir bien.

▼ Volcar en un molde de 1 litro de capacidad. Llevar a la heladera de 4 a 5 horas, hasta que tome consistencia firme.

▼ Desmoldar, espolvorear con las almendras y decorar con frutillas.

– *Congelar envuelta en film y bolsa. Dura 2 meses.*
– *Descongelar en la heladera.*

# Mousse de chocolate

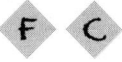

## INGREDIENTES

| |
|---|
| 6 claras |
| 6 barras de chocolate |
| 50 g de manteca |
| 6 yemas |
| 6 cucharadas de azúcar |
| nueces, para decorar |

▼ Batir las claras a nieve y reservarlas.

▼ Trozar el chocolate, ponerlo en un jarrito junto con la manteca y llevar a baño de María hasta que ambos ingredientes se fundan. Revolver para integrarlos y dejar entibiar.

▼ Batir las yemas con el azúcar hasta que tomen color amarillo limón. Incorporar despacio la mezcla de chocolate y manteca. Agregar las claras y mezclar suavemente con espátula de goma.

▼ Distribuir la preparación en copas. Espolvorear con nueces picadas. Refrigerar hasta el momento de servir.

> *El chocolate se puede derretir en microondas al 40%.*

 *– Congelar en recipiente rígido. Dura 1 mes.*
*– Descongelar en la heladera.*

# Mousse en dos versiones

**INGREDIENTES**

1 paquete de polvo para postre

de vainilla

750 cc de crema de leche

2 cucharadas de polvo

para jugo de naranja

3 kiwis

8 frutillas

crema chantillí y menta,

para adornar (opcional)

▼ Disolver el polvo para postre en la crema de leche. Llevar al fuego hasta que hierva. Retirar y dividir en dos partes. Agregar a una de ellas el polvo para jugo y revolver hasta que se integre.

▼ Cortar los kiwis en rodajas y las frutillas en láminas. Adherir ambas frutas en la cara interna de copas grandes, colocando kiwis en algunas y frutillas en otras. Si no quedan adheridas por simple contacto, pasarlas por gelatina sin sabor disuelta en agua y llevar unos minutos a la heladera.

▼ Repartir la *mousse* de vainilla en las copas adornadas con kiwis y la de naranja en las decoradas con frutillas. Llevar a la heladera.

▼ Si se desea, coronar con copos de crema chantillí y hojas de menta.

> *Se puede hacer una tercera versión decorando las copas con gajos de duraznos frescos o en almíbar.*

# Pan dulce relleno

### INGREDIENTES

| | |
|---|---|
| 1 pan dulce de 1 kilo | 1 cucharada de ralladura |
| 250 cc de crema de leche | de limón |
| 2 cucharadas de azúcar | 1 sobre de baño de chocolate |
| 100 g de frutillas | blanco |
| 3 discos de merengue | nueces, almendras, cerezas e |
| almíbar, para humedecer | higos confitados, para decorar |

▼ Cortar la tapa del pan dulce y reservarla. Extraer la miga, dejando las paredes y el fondo de 2 cm de espesor. Reservar el pan dulce ahuecado.

▼ Batir la crema de leche junto con el azúcar hasta alcanzar punto chantillí. Desmenuzar la mitad de la miga extraída (guardar el resto para hacer trufas) y añadirla a la crema. Incorporar las frutillas trozadas, los merengues rotos y la ralladura de limón. Unir suavemente.

▼ Humedecer el interior del pan dulce con un poco de almíbar. Rellenar con la preparación anterior, presionar y colocar la tapa.

▼ Bañar la superficie con el chocolate blanco derretido. Adherir nueces, almendras, cerezas e higos. Rodear el contorno con una cinta ancha y atar con un moño.

▼ Mantener en la heladera hasta el momento de presentar.

*– Congelar envuelto en film y bolsa. Dura 4 meses.*
*– Descongelar en la heladera.*

# Panqueques otoñales

## INGREDIENTES

12 panqueques

250 g de dulce de leche

repostero

250 cc de crema de leche

2 barras de chocolate

▼ Untar los panqueques con el dulce de leche. Doblarlos en cuatro.

▼ Acomodarlos en una fuente para horno y mesa. Verter sobre ellos la crema sin batir. Espolvorear con el chocolate picado.

▼ Llevar al horno caliente hasta que se forme una salsa de color caramelo.

▼ Retirar y servir en el momento.

*¿Quiere variar el sabor y disfrutar en otoño de las frutas del verano? En lugar de untar los panqueques con dulce de leche, rellénelos con ciruelas o damascos que, en temporada, se habrán congelado en un recipiente rígido con almíbar liviano. Para hacer el almíbar, coloque en un recipiente 100 gramos de azúcar, 200 cc de agua y 1 cucharadita de jugo de limón; cocine en microondas durante 5 minutos en máximo.*

*— Se pueden tener en el freezer los panqueques solos, en bolsa con separadores. Duran 6 meses.*

*— Descongelar a temperatura ambiente, tapados.*

# Pasta frola de mi mamá

## INGREDIENTES

250 g de harina

3 cucharaditas de polvo
para hornear

110 g de azúcar

125 g de manteca

1 yema

1 huevo

2 cucharadas de leche

esencia de vainilla

500 g de dulce de membrillo

yema extra, para pintar

▼ Tamizar la harina con el polvo para hornear y el azúcar. Agregar la manteca fría, cortada en trocitos, y mezclar para lograr una textura arenosa. Incorporar la yema, el huevo, la esencia y la leche. Unir con las manos, sin amasar, para que la masa resulte tierna. Tapar y dejar descansar durante 20 minutos en la heladera.

▼ Estirar la masa hasta dejarla de 1/2 cm de espesor. Forrar una tartera de 24 cm de diámetro. Pisar el dulce para ablandarlo y rellenar con él la base de masa. Hacer tiras con los sobrantes de masa y formar un enrejado sobre el dulce. Pintar con yema batida.

▼ Hornear durante 30 minutos a temperatura entre moderada y fuerte.

> *La masa se puede hacer en la procesadora.*

# Strudel de peras

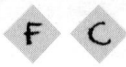

## INGREDIENTES

| | |
|---|---|
| 1 lata de peras en almíbar | 2 cucharadas de cacao amargo |
| 3 cucharadas de mermelada | 100 g de galletitas dulces |
| de naranja | molidas |
| 2 cucharadas de almendras | azúcar impalpable |
| picadas | crema de leche, |
| 1 paquete de masa para *strudel* | para acompañar |
| manteca derretida | |

▼ Escurrir y picar las peras. Mezclarlas con la mermelada, el cacao y las almendras. Reservar.

▼ Extender una hoja de masa sobre un lienzo. Pincelar con manteca derretida. Superponer la otra hoja y volver a pincelar con manteca. Esparcir junto a uno de los lados las galletitas molidas, formando una franja, y colocar la mezcla de peras. Doblar hacia adentro los costados de la masa y enrollar sin ajustar.

▼ Levantar el *strudel* con cuidado y apoyarlo sobre una placa enmantecada. Pincelar la superficie con manteca derretida y espolvorear con azúcar impalpable.

▼ Cocinar en el horno moderado de 30 a 35 minutos. Servir tibio, con crema de leche batida sin azúcar.

– Congelar envuelto en papel de aluminio y bolsa. Dura 3 meses.
– Descongelar en el horno.

# Tarta de frutas secas y chocolate

## INGREDIENTES

1 disco de masa para tarta

200 g de frutas secas surtidas

(almendras, nueces, avellanas,

castañas de Cajú)

200 cc de crema de leche

250 g de chocolate cobertura

menta y azúcar impalpable,

para decorar

▼ Forrar con la masa una tartera de 26 cm de diámetro. Pinchar con tenedor. Hornear, retirar y dejar enfriar.

▼ Poner la crema en una cacerolita. Llevar al fuego y retirar cuando rompa el hervor. Incorporar el chocolate picado. Dejar reposar durante 5 minutos, para que se funda con el calor. Revolver hasta integrar ambos ingredientes y obtener una *ganache* homogénea.

▼ Esparcir las frutas secas en el fondo de la base de masa cocida. Cubrir con la *ganache* tibia. Refrigerar hasta el momento de servir.

▼ Adornar con hojas de menta nevadas con azúcar impalpable.

---

*La base de masa se puede cocinar en microondas de 6 a 8 minutos en máximo. Al forrar la tartera, dejar que la masa sobresalga 1 cm del borde. Pinchar con tenedor y controlar cada 2 minutos que no se infle. Antes de rellenar, pintar el contorno con yema y cacao.*

---

*— Congelar envuelta en papel de aluminio y bolsa. Dura de 2 a 3 meses.*
*— Descongelar en la heladera.*

# Tarta de merengue y frutillas

### INGREDIENTES

1 base de merengue para tarta

250 cc de crema de leche

2 cucharadas de azúcar

250 g de frutillas

SALSA

1 taza de mermelada
de frutillas

1 cucharada de miel

1/4 de taza de vino tinto

▼ Cortar las frutillas por la mitad. Batir la crema de leche con el azúcar hasta alcanzar punto chantillí.

▼ Apoyar la base de merengue sobre la fuente de presentación. Rellenarlo con la crema. Disponer arriba las frutillas, en forma decorativa. Reservar en la heladera hasta el momento de servir (durante 2 horas como máximo).

**SALSA**

▼ Poner en una cacerolita la mermelada de frutillas, la miel y el vino tinto. Mezclar, llevar al fuego y dejar reducir hasta lograr una salsa homogénea y espesa. Retirar y dejar enfriar.

▼ Presentar en salsera, para acompañar cada porción de tarta.

> *Muchas confiterías venden bases para tartas realizadas con un disco de merengue y un contorno de copitos. Además de riquísimas, son preciosas.*

# Tarta dulce distinta

## INGREDIENTES

| MASA | 300 cc de leche |
|---|---|
| 1 paquete de polvo | 100 g de frutillas |
| para bizcochuelo | 100 g de kiwis |
| del sabor que se prefiera | 3 ó 4 mitades de duraznos |
| 2 huevos | en almíbar escurridos |
| 2 cucharadas de leche | 2 cucharadas de pulpa |
| RELLENO Y CUBIERTA | industrial para abrillantar |
| 1/2 paquete de polvo | 1 cucharada de agua |
| para postre de vainilla | |

## MASA

▼ Procesar el polvo para bizcochuelo con los huevos y la leche. Retirar y terminar de unir con las manos.

▼ Tapizar con la masa un molde de 26 cm de diámetro y bordes altos, enmantecado y enharinado. Hornear de 15 a 18 minutos. Retirar, dejar enfriar y desmoldar.

## RELLENO Y CUBIERTA

▼ Poner en una cacerolita el polvo para postre y la leche. Llevar al fuego hasta que hierva. Retirar, dejar entibiar y rellenar la base de masa cocida.

▼ Cortar todas las frutas en gajos. Dividir imaginariamente la tarta en seis porciones y cubrir dos de ellas con frutillas, dos con kiwis y dos con duraznos, alternando los colores.

▼ Disolver la pulpa industrial en el agua, sobre el fuego. Pincelar la fruta para darle brillo. Llevar a la heladera hasta el momento de presentar.

– *Congelar la base de masa cocida sola, envuelta en film. Dura 3 meses.*
– *Descongelar a temperatura ambiente.*

# Torta americana de chocolate

## INGREDIENTES

| | |
|---|---|
| 120 g de manteca | 100 g de cacao amargo |
| 200 g de azúcar | 200 cc de bebida cola |
| 3 huevos | BAÑO |
| esencia de vainilla | 3 cucharadas de dulce de leche |
| 250 g de harina leudante | repostero |
| 1 cucharadita de polvo | 3 cucharadas de cacao amargo |
| para hornear | 1 cucharada de manteca |

▼ Batir la manteca con el azúcar a punto pomada. Incorporar los huevos de a uno. Aromatizar con la esencia. Añadir de a poco la harina tamizada con el polvo para hornear y el cacao, alternando con la bebida cola a temperatura ambiente.

▼ Utilizar un molde alto, de 26 cm de diámetro, con tubo central. Enmantecarlo, espolvorearlo con galletitas de chocolate molidas y volcar la preparación. Cocinar en microondas, durante 8 minutos al 70% y 2 minutos en máximo. Retirar, dejar enfriar y desmoldar.

BAÑO

▼ Mezclar todos los ingredientes en un recipiente. Calentar en microondas durante 15 segundos en máximo. Cubrir la superficie de la torta.

– *Congelar envuelta en film y bolsa, sin el baño. Dura 4 meses.*
– *Descongelar a temperatura ambiente, tapada.*

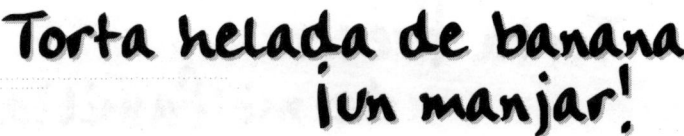
# Torta helada de banana
## ¡un manjar!

**INGREDIENTES**

| | |
|---|---|
| 500 g de bananas | 2 claras |
| jugo de 1/2 limón | 1 disco de pionono de 26 cm |
| 2 sobres de gelatina sin sabor | de diámetro |
| 100 cc de agua | frutillas, para decorar |
| 500 cc de crema de leche | 1 lata de salsa de chocolate |
| 150 g de azúcar | |

▼ Procesar las bananas con el jugo de limón. Reservar el puré obtenido.

▼ Hidratar la gelatina en el agua fría y disolverla en microondas de 25 a 30 segundos en máximo.

▼ Aparte, batir la crema de leche a medio punto junto con el azúcar. Batir las claras a nieve y añadirlas a la crema.

▼ Unir el puré de bananas con la gelatina y la mezcla de crema y claras.

▼ Forrar con una tira de acetato las paredes de un molde desmontable de 26 cm de diámetro. Colocar el disco de pionono en la base. Volcar la preparación anterior y alisar la superficie. Refrigerar de 4 a 5 horas como mínimo, hasta que solidifique la gelatina.

▼ Desmoldar y decorar con frutillas fileteadas en abanico. Servir con la salsa de chocolate.

---

*El acetato se consigue en librerías artísticas.*

---

 – *Congelar envuelta en film y bolsa, sin frutillas ni salsa. Dura 6 meses.*
– *Descongelar en la heladera.*

# Torta fresca de mi familia

### INGREDIENTES

2 discos de pionono de 26 cm

de diámetro

250 g de dulce de leche

repostero

600 cc de crema chantillí

500 g de merengues medianos

1 lata de duraznos en almíbar

merengues rotos

▼ Untar cada disco de pionono con la mitad del dulce de leche repostero. Reservar uno.

▼ Extender sobre el otro la cuarta parte de la crema chantillí. Cortar los merengues por la mitad y adherirlos arriba, con el corte hacia afuera, formando círculos concéntricos. Llenar los huecos con trocitos de merengues rotos, para cubrir toda la superficie.

▼ Extender otra cuarta parte de la crema. Escurrir los duraznos, picarlos groseramente y esparcirlos encima. Tapar con el disco de pionono reservado, invirtiéndolo para que la cara untada con dulce quede hacia abajo.

▼ Cubrir con la crema restante y adherir merengues rotos. Llevar a la heladera hasta el momento de servir.

> *Para dar un toque tropical a sus postres puede esparcir coco rallado sobre un plato y tostarlo en microondas de 5 a 6 minutos en máximo, revolviendo de vez en cuando.*

# RECETAS BÁSICAS

## que nunca están de más

# Masa para pizza

## INGREDIENTES

| | |
|---|---|
| 100 g de levadura de cerveza fresca | 1 kilo de harina |
| 1 cucharadita de azúcar | 2 cucharaditas de sal |
| 400 a 500 cc de agua tibia | salsa de tomate, *mozzarella* y condimentos para la cubierta |
| 3 cucharadas de aceite | |

▼ Disolver la levadura y el azúcar en un poco del agua tibia. Incorporar el aceite. Añadir gradualmente la harina, la sal y el resto del agua, hasta completar la cantidad necesaria para formar una masa tierna.

▼ Amasar hasta que resulte elástica. Tapar y dejar leudar en un lugar templado hasta que duplique su volumen.

▼ Dividir la masa en 4 ó 5 bollos. Estirarlos y ubicarlos en pizzeras de 30 a 32 cm de diámetro, aceitadas. Cubrir con poca salsa de tomate. Llevar al horno hasta que la base empiece a tomar color, para obtener prepizzas.

▼ Agregar más salsa. Colocar tajadas de *mozzarella* y condimentos a gusto. Volver al horno hasta que la *mozzarella* se derrita y la masa termine de cocinarse.

*– Congelar las prepizzas en bolsas, sin la cubierta. Duran 4 meses.*
*– Descongelar directamente en el horno, colocando previamente la cubierta sobre las prepizzas congeladas.*
*– También se pueden congelar los bollos, en bolsas aceitadas cerradas sin ajustar. Duran 3 meses.*
*– Descongelar a temperatura ambiente, dentro de la bolsa abierta y tapada con un lienzo. Dejar leudar antes de utilizar.*

# Masas para tartas

## INGREDIENTES PARA MASA SALADA

| | |
|---|---|
| 200 g de harina | sal |
| 100 g de manteca | agua helada, para unir |

▼ Procesar la harina con la manteca y la sal hasta que se forme un granulado. Retirarlo y unir con el agua helada necesaria para obtener una masa lisa. Cubrir con film y dejar reposar en la heladera durante 30 minutos.

▼ Estirar la masa y forrar una tartera de 26 cm de diámetro, enmantecada y enharinada. Pinchar toda la superficie con un tenedor.

▼ Para tartas que se rellenan antes de hornear, seguir las indicaciones de la receta elegida. Para tartas que se rellenan después, cocinar la base de masa en el horno moderado de 25 a 30 minutos. Retirar y desmoldar.

## INGREDIENTES PARA MASA DULCE

| | |
|---|---|
| 200 g de harina | agua fría, para unir |
| 80 g de azúcar | ralladura de cítricos |
| 1 yema | o esencia a gusto |
| 100 g de manteca | |

▼ Procesar la harina con el azúcar, la yema y la manteca hasta obtener un granulado.

▼ Agregar el agua fría necesaria para tomar la masa. Perfumar con ralladura o esencia.

▼ Completar el procedimiento como se explica en la receta anterior.

❄ – Congelar la base de masa cocida, envuelta en papel de aluminio y bolsa. Dura 6 meses.
– Descongelar a temperatura ambiente.

# Bizcochuelo

### INGREDIENTES

6 huevos

180 g de azúcar

1 cucharadita de esencia
de vainilla

180 g de harina

2 cucharaditas de polvo
para hornear

▼ Batir los huevos con el azúcar y la esencia de vainilla hasta alcanzar punto letra.

▼ Tamizar la harina con el polvo para hornear. Añadir al batido estos ingredientes secos, de a poco, mientras se mezcla en forma envolvente.

▼ Enmantecar un molde de 24 cm de diámetro. Colocar en la base un disco de papel manteca, también enmantecado. Volcar la preparación.

▼ Cocinar durante 30 minutos en el horno a temperatura suave (160 - 170ºC). Retirar, desmoldar y dejar enfriar.

▼ Si se va a rellenar, conviene estacionarlo hasta el día siguiente para facilitar el corte en capas.

> *El punto letra se reconoce cuando al levantar un poco de batido y dejarlo caer formando trazos sobre la superficie, éstos no se hunden. También suele llamarse punto cinta.*

 *– Congelar envuelto en papel de aluminio y bolsa. Dura 4 meses.*
*– Descongelar a temperatura ambiente, tapado, durante 3 horas.*

# Pionono

## INGREDIENTES

| |
|---|
| 3 huevos |
| 30 g de azúcar |
| esencia de vainilla |
| 30 g de harina |
| 1 cucharadita de miel |

▼ Batir los huevos junto con el azúcar, la esencia de vainilla y la miel hasta alcanzar punto letra. Agregar la harina cernida y unir con suavidad.

▼ Forrar con papel manteca enmantecado una placa de 30 por 20 cm. Extender la preparación con ayuda de una espátula, para que resulte pareja.

▼ Cocinar en el horno caliente de 8 a 10 minutos. Retirar y enrollar o no, según el uso que se le vaya a dar. Dejar enfriar. Quitar el papel sólo antes de usar.

> *Si quiere hacer rulos de chocolate para adornar un arrollado u otro postre, coloque 100 gramos de chocolate entre dos papeles absorbentes y caliéntelo en microondas de 1 a 3 minutos al 10%. Así tendrá la consistencia justa para poder obtener fácilmente los rulos con el pelapapas.*

*– Congelar enrollado o extendido, con el papel de la cocción y envuelto en papel de aluminio doble o en papel de aluminio y bolsa. Dura 3 meses.*
*– Descongelar a temperatura ambiente, envuelto para que no se seque.*

# Crêpes

### INGREDIENTES

200 g de harina

4 huevos

20 g de manteca derretida

1/2 cucharadita de sal

500 cc de leche

manteca para la panquequera

▼ Colocar en el vaso de la licuadora la harina, los huevos, la manteca derretida, la sal y la leche. Licuar hasta obtener una pasta homogénea. Dejar reposar durante 2 horas, para que se hidrate la harina.

▼ Derretir un trocito de manteca en una panquequera. Tomar una porción de pasta con un cucharón, verterla en el centro de la panquequera y hacerla correr por toda la superficie. Cuando cuaje, dar vuelta en el aire (o con ayuda de una espátula si no se tiene práctica). Cocinar brevemente del otro lado. Pasar a un plato.

▼ Repetir la operación hasta terminar la pasta. Apilar las *crêpes* sobre el plato a medida que estén listas.

> *Para comprobar la frescura de los huevos, sumérjalos en agua: si quedan en el fondo, son frescos; si flotan, no.*

 *– Congelar con separadores, envueltas en papel de aluminio o bolsa. Duran de 3 a 4 meses.*
*– Descongelar en la heladera.*

# Merengue así de fácil

### INGREDIENTES

4 claras

1 gota de jugo de limón

8 cucharadas colmadas
de azúcar

▼ Colocar en un bol amplio las claras, el azúcar y el jugo de limón. Llevar sobre baño de María. Batir hasta obtener un merengue brillante y muy consistente.

> *Resulta indicado para cubrir* lemon pie, *tartas, tortas, arrollados, masitas y postres helados. No es apto para hacer tapas o discos de merengue.*

# Crema chantillí

### INGREDIENTES

200 cc de crema de leche

2 ó 3 cucharadas de azúcar

1 cucharadita de esencia
de vainilla

▼ Colocar en un bol la crema de leche bien fría, el azúcar y la esencia. Batir hasta lograr un punto armado.

> *¡Cuidado! No pasarse con el batido, porque la crema se cortaría.*

# Crema pastelera

### INGREDIENTES

| |
| --- |
| 3 yemas |
| 100 g de azúcar |
| 40 g de harina |
| 500 cc de leche |
| 25 g de manteca |
| esencia de vainilla |

▼ Batir las yemas junto con el azúcar y la harina. Incorporar la leche fría. Llevar al fuego y revolver con cuchara de madera hasta que hierva y espese. Retirar.
▼ Perfumar con la esencia de vainilla. Incorporar la manteca y revolver para que se funda con el calor y se integre a la crema. Dejar enfriar.

> – Para que no se forme una película seca en la superficie de la crema, revolver con frecuencia mientras se enfría.
> – Para conservar ralladura de naranja o limón durante mucho tiempo en la heladera, rallar sólo la parte de color y guardarla en un frasco de vidrio con un poco de azúcar. Así estará siempre a mano para aromatizar cremas, como ésta.

> – Congelar en recipiente rígido, sin llenarlo del todo. Dura 3 meses.
> – Descongelar en la heladera. Antes de usar, batir para homogeneizar.

# Crema inglesa

### INGREDIENTES

| | |
|---|---|
| 5 yemas | 1 cucharadita de esencia |
| 500 cc de leche | de vainilla |
| 150 g de azúcar | |

▼ Hervir la leche y reservarla.

▼ Colocar las yemas y el azúcar en un bol. Mezclar rápidamente, para evitar que el azúcar cocine las yemas. Llevar al fuego y verter despacio la leche caliente, mientras se revuelve con cuchara de madera describiendo ochos. Seguir revolviendo de esa forma hasta que la preparación nape la cuchara, cuidando que no llegue a hervir. Retirar.

▼ Aromatizar con la esencia de vainilla y dejar enfriar.

> *En el léxico culinario la expresión "el azúcar cocina las yemas" indica que, si ambos ingredientes no se mezclan con rapidez, se forman gránulos que no se disuelven.*

# Sabayón

### INGREDIENTES

| | |
|---|---|
| 3 yemas | 3 cucharadas de azúcar |
| 1 copita de vino marsala | 1/4 de taza de agua fría |
| u oporto | |

▼ Colocar en un bol las yemas, el vino, el azúcar y el agua. Llevar sobre baño de María. Batir hasta que la preparación aumente de volumen y alcance un punto espumoso y espeso.

# Índice